L&PMPOCKETENCYCLOPAEDIA

Cleópatra

Série **L&PM**POCKET**ENCYCLOPÆDIA**

Budismo – Claude B. Levenson
Cleópatra – Christian-Georges Schwentzel
A crise de 1929 – Bernard Gazier
Cruzadas – Cécile Morrisson
Sigmund Freud – Edson Sousa e Paulo Endo
Geração Beat – Claudio Willer
Império Romano – Patrick Le Roux
Revolução francesa – Frédéric Bluche, Stéphane Rials e Jean Tulard
Santos Dumont – Alcy Cheuiche

Próximos lançamentos:

Cabala – Roland Goetschel
Capitalismo – Claude Jessua
Egito Antigo – Sophie Desplancques
Escrita chinesa – Viviane Alleton
Existencialismo – Jacques Colette
História do vinho – Jean-François Gautier
História de Paris – Yvan Combeau
Islã – Paul Balta
Marxismo – Henri Lefebvre
Mitologia grega – Pierre Grimal
Tragédias gregas – Pascal Thiercy

Christian-Georges Schwentzel

Cleópatra

Tradução de PAULO NEVES

www.lpm.com.br

Coleção **L&PM** Pocket, vol. 759

Christian-Georges Schwentzel, doutor em Letras, é mestre de conferências de História Antiga na Universidade de Valenciennes.

Título original: *Cléopâtre*

Primeira edição na Coleção **L&PM** POCKET: abril de 2009

Tradução: Paulo Neves
Capa: Ivan Pinheiro Machado. *Ilustração*: "Cleópatra testa veneno nos seus escravos", pintura de Alexandre Cabanel (1823-1889). Coleção privada. © akg/LatinStock
Preparação de original: Luciana Kaross
Revisão: Marianne Scholze

CIP-Brasil. Catalogação-na-Fonte
Sindicato Nacional dos Editores de Livros, RJ

S429C

Schwentzel, Christian-Georges, 1967-
  Cleópatra / Christian-Georges Schwentzel ; tradução de Paulo Neves. – Porto Alegre, RS : L&PM, 2009.
  128p. – (Coleção L&PM Pocket ; v. 759)

  Tradução de: *Cléopâtre*
  Contém cronologia e glossário
  Inclui bibliografia
  ISBN 978-85-254-1828-9

  1. Cleópatra, Rainha do Egito, m.30 a.C. II. Egito - História - 332-30 a.C. I. Título. II. Série.

09-0385.   CDD: 923.132
              CDU: 929:94(32)

© Presses Universitaires de France, *Cléopâtre*

Todos os direitos desta edição reservados a L&PM Editores
Rua Comendador Coruja 314, loja 9 – Floresta – 90220-180
Porto Alegre – RS – Brasil / Fone: 51.3225.5777 – Fax: 51.3221-5380

Pedidos & Depto. comercial: vendas@lpm.com.br
Fale conosco: info@lpm.com.br
www.lpm.com.br

Impresso no Brasil
Outono de 2009

Sumário

Introdução 11

Capítulo I – Os ptolomeus, antepassados de Cleópatra 15
   I. Alexandre Magno no Egito 15
   II. Ptolomeu I Soter, fundador da dinastia lagida 17
   III. O apogeu do Egito ptolomaico (283-203) 19
   IV. Os ptolomeus da decadência (203-80) 20

Capítulo II – Ptolomeu XII Aulete, o pai de Cleópatra 23
   I. Ptolomeu XII e Cleópatra VI 23
   II. O rei e Roma 24
   III. A revolta dos alexandrinos 26
   IV. O segundo reinado de Aulete 27

Capítulo III – Cleópatra e César 29
   I. Cleópatra VII e Ptolomeu XIII (51-48) 29
   II. César no Egito (48-47) 31
   III. Cesário 36
   IV. A rainha em Roma (outubro de 46-março de 44) .. 37

Capítulo IV – Cleópatra e Antônio 41
   I. A atitude de Cleópatra durante a
      guerra civil (44-42) 41
   II. O encontro de Tarso: Afrodite e Dioniso (41) 42
   III. Cleópatra sozinha (40-37) 46
   IV. Antônio e Cleópatra na Síria (inverno de 37-36) 47
   V. A expedição contra os partos (36) 49
   VI. O triunfo armênio e a cerimônia do Ginásio (34) .. 51

VII. A declaração de guerra: Roma contra o Oriente ...53
VIII. Áccio (2 de setembro de 31)..............................56

Capítulo V – A morte de Antônio e de Cleópatra...........58

I. O último inverno em Alexandria (31-30)..............58
II. O suicídio de Antônio..60
III. Otávio e Cleópatra...62
IV. O suicídio de Cleópatra......................................63
V. O acerto das questões do Egito 66

Capítulo VI – A rainha e a ideologia real........................68

I. Uma vida de luxo 68
II. O séquito da rainha..71
III. Os retratos de Cleópatra.....................................73
IV. A representação dos casais: Cleópatra e Cesário,
   Antônio e Cleópatra 78
V. Os símbolos do poder 81
VI. A ideologia real 82
VII. O culto real 84
VIII. Cleópatra e os templos egípcios.......................89
IX. Uma devoção popular e póstuma 92

Capítulo VII – O Egito de Cleópatra..............................94

I. A Alexandria de Cleópatra 94
II. A administração do país 99
III. O exército de Cleópatra....................................100
IV. Os contemporâneos greco-egípcios da rainha ...102
V. Graves dificuldades econômicas........................103

Capítulo VIII – O mito de Cleópatra.............................105

I. A "beleza" de Cleópatra 105
II. A mulher fatal 106
III. A "insaciável" 107
IV. A rainha e os poetas latinos..............................108

V. Cleópatra na literatura da Idade Média
ao século XX 111
VI. Os biógrafos modernos 115
VII. Cleópatra na pintura e na escultura.................... 116
VIII. Na música e no cinema...................................... 118

Conclusão.. 120

Glossário 122

Cronologia 124

Bibliografia 125

Para Santiago e Olga

Introdução

A rainha Cleópatra é, indiscutivelmente, com Alexandre Magno e Júlio César, uma das figuras mais célebres da história da Antigüidade. Sua ligação com Júlio César, depois com Marco Antônio, o império que ela sonhou construir para os filhos e simplesmente o fato de ser mulher explicam, em grande parte, essa celebridade. A maioria dos autores antigos, tributários de uma visão caricatural imposta por Otávio, o vencedor da batalha de Áccio[1], fez dela uma mulher fatal, perversa e corruptora. Desde o século XVI, ora reconhecida, ora condenada, Cleópatra transformou-se em figura mítica. Muitos poetas, dramaturgos, pintores e cineastas, às vezes com muita liberdade, procuraram dar sua visão da personagem. Pode-se dizer que há, hoje, tantas Cleópatras quantas Medéias ou Antígonas[2].

Mas o conhecimento que se tem dessa rainha baseia-se, muitas vezes, mais no mito, criado após sua morte, do que sobre os fatos históricos. Assim, Cleópatra aparece como uma figura paradoxal: conhecida por todos devido ao mito criado em torno da sua figura, ela continua sendo, do ponto de vista histórico, surpreendentemente desconhecida. Basta tomar um único exemplo: quantos sabem que a "egípcia" era, em realidade, uma greco-macedônia pertencente à família dos lagidas ou ptolomeus?

Este livro propõe-se a mostrar quem foi a rainha Cleópatra, distinguindo rigorosamente a personagem histórica da figura mítica.

De que fontes dispõe o historiador moderno para redescobrir a Cleópatra histórica?

---

1. Local na Grécia onde Otávio venceu as esquadras de Marco Antônio e Cleópatra, em 31 a.C. (N.T. – todas as notas de rodapé deste livro são do tradutor.)

2. Personagens de tragédias de Eurípides e Sófocles, respectivamente.

Mencionaremos, em primeiro lugar, os autores antigos que não deixaremos de citar nas páginas que seguem.

Plutarco, historiador e moralista de língua grega, nascido em Queronéia (cerca de 50-125 d.C.), descreve o encontro de César e de Cleópatra em sua *Vida de César*. Ele narra igualmente, na *Vida de Antônio*, as diversas etapas da relação entre a rainha e o triúnviro até os seus suicídios, cujas evocações constituem verdadeiras peças antológicas. Segundo o moralista, Antônio, comparado a Demétrio Poliorcetes[3], é um exemplo a não ser seguido. Plutarco foi muitas vezes criticado por dar demasiada importância a detalhes picantes e anedóticos, destinados a ilustrar seu ponto de vista moral. Em todo caso, ele faz uma descrição muito viva dos últimos anos da monarquia lagida. Embora tenha escrito mais de cem anos após a morte da rainha, Plutarco teve um conhecimento relativamente preciso dos fatos. Esse grande erudito teve acesso a fontes anteriores, hoje perdidas, e também pôde se beneficiar de testemunhos orais indiretos: como ele mesmo escreve, seu bisavô, Lamprias, foi amigo de Filotas, um médico que fez seus estudos em Alexandria no reinado de Cleópatra e chegou a ser apresentado à corte real. Portanto, convém não acreditar em tudo, nem suspeitar de tudo sistematicamente.

A *História romana* de Díon Cássio, nascido em Nicéia (cerca de 155-235 d.C.), é o segundo texto fundamental sobre o reinado de Cleópatra. Às vezes mais preciso de um ponto de vista histórico, Díon Cássio oferece um complemento indispensável à obra de Plutarco.

Encontramos também passagens relativas a Cleópatra nas *Antigüidades judaicas* e no *Contra Ápion* do historiador judeu Flávio Josefo (37-100), bem como em *As Guerras civis* de Apiano (séc. II d.C.), na *Vida de César* e na *Vida de Augusto* de Suetônio (90-150). Mencionemos, ainda, algumas alusões nas obras de Veleio Patérculo (19 a.C.-31 d.C.), de Plínio, o Antigo (23-79 d.C.), Floro (séc. I-II d.C.) e Aulo Gelo (séc. II d.C.).

---

3. Rei da Macedônia de 295 a 283 a.C.

Posteriores aos fatos, esses autores são geralmente influenciados pela propaganda de Otávio, hostil ao Egito, e transmitem uma imagem mais ou menos negativa da rainha.

Os testemunhos contemporâneos são raros. Citemos Cícero, que revela seu ódio a Cleópatra numa carta a seu amigo Ático (*Ad Atticum* XV, 15). Estrabão (cerca de 58 a.C-25 d.C.) visitou Alexandria durante o reinado de Augusto (*Geografia*, XVII). Cabe igualmente mencionar o final da *Guerra civil* de Júlio César ou, mais provavelmente, de seu secretário Hírcio, e também o *Bellum Alexandrinum*, obra às vezes atribuída a Hírcio; outras vezes, a um autor desconhecido. Nesses dois textos, que deviam servir de propaganda ao partido cesariano, tudo o que não ilustra a glória do *imperator* é cuidadosamente passado em silêncio. Assim, o texto é de uma seca neutralidade quando se refere à jovem rainha, e os amores de César não são de modo algum evocados. Restam-nos, por fim, alguns fragmentos da obra de Nicolau de Damasco (cerca de 64 a.C.-10 d.C.) que, antes de começar a servir ao rei Herodes, foi tutor dos filhos de Cleópatra.

Os poetas latinos propagaram uma imagem deformada e até mesmo insultante da rainha. É o caso de Virgílio (*Eneida*), de Propércio (*Elegia* III), de Horácio (*Ode* I, 37) e, mais tarde, de Lucano (*Farsália* X).

Nosso conhecimento da época de Cleópatra, e em especial da situação interna do Egito, baseia-se, igualmente, em fontes papirológicas e epigráficas. Esses textos, gregos mas também hieroglíficos e demóticos – língua egípcia falada na época dos ptolomeus –, estão disponíveis num certo número de compilações e de estudos que citamos neste livro. As obras mais utilizadas aparecem na bibliografia, no final. Mas assinalamos que o século I a.C. não é um período particularmente rico em documentação papirológica.

A arqueologia constitui outra fonte de conhecimentos essencial. Pesquisas foram realizadas em Alexandria, capital de Cleópatra, desde o final do século XIX. Mahmoud Bey, "astrônomo de sua Alteza Ismaïl Pacha", fez inúmeras escavações em vários pontos da cidade, o que lhe permitiu estudar a topografia da antiga capital dos ptolomeus (1865). Mas a identificação das ruas que ele descobriu foi muito criticada por D.G. Hogarth e G. Botti (primeiro diretor do *Museu greco-romano* de Alexandria, 1892-1903), que efetuaram suas próprias investigações, seguidas por E. Breccia, sucessor de G. Botti, e depois por A. Adriani, diretor do museu de 1934 a 1953.

Desde 1992, as escavações terrestres e submarinas conduzidas pelo *Centro de estudos alexandrinos*, dirigido por J.-Y. Empereur, possibilitaram um conhecimento melhor da antiga capital de Cleópatra.

Capítulo I
Os ptolomeus, antepassados de Cleópatra

I. Alexandre Magno no Egito

"Alexandre entrou no Egito com todo o seu exército e tomou posse, sem combate, das cidades ali existentes. Como os persas haviam-se caracterizado por sua impiedade e pela dureza do seu governo, foi com alegria que os egípcios receberam os macedônios." Essas palavras do historiador grego Diodoro de Sicília traduzem bem a ausência de qualquer resistência à invasão macedônia no outono de 332 a.C. Alexandre foi acolhido como libertador pela população egípcia, cansada do jugo persa. O sátrapa Mazacés, governador da província, não teve outra saída senão uma rendição incondicional.

Consciente de que era do seu interesse não decepcionar a simpatia e a consideração dos egípcios, o conquistador macedônio mostrou o maior respeito pelos costumes nativos e ofereceu sacrifícios aos deuses locais, "em particular a Ápis" (Arriano, historiador grego do século II a.C.), o touro venerado em Mênfis. É muito provável que ele tenha sido recebido pelos sacerdotes de Ptah e coroado no templo desse deus em Mênfis, conforme o rito egípcio. Esse foi o ato fundador de uma política de conciliação do clero local com os recém-chegados, uma política continuada pelos sucessores de Alexandre no Egito, os ptolomeus ou lagidas, dos quais a rainha Cleópatra foi a última representante.

Dois acontecimentos principais estão ligados à passagem de Alexandre pelo Egito: a fundação de Alexandria e a viagem do conquistador ao oásis de Ámon (hoje Siwah), no deserto da Líbia.

Segundo Plutarco (*Vida de Alexandre*), "Alexandre queria fundar uma cidade grega, grande e populosa, e que tivesse o seu nome". Desse propósito nasceu Alexandria, cujas obras, confiadas ao arquiteto Deinocrates de Rodes, começaram em janeiro de 331 a.C. Foi o próprio conquistador, diz Plutarco, que indicou o local: a pequena ilha de Faros – já mencionada por Homero – a cerca de um quilômetro ao largo do continente, formada por uma faixa de terra, uma espécie de istmo banhado ao norte pelo Mediterrâneo e ao sul pelo lago Mareótis. Alexandre fez ligar a ilha ao continente por um aterro artificial com comprimento de sete estádios (um estádio corresponde a 177,6 m), chamado, por essa razão, o *heptaestádio*. Isso permitiu a criação de dois portos: o porto *Eunostos*, a oeste, e o *Grande Porto*, a leste. Assim, Alexandria podia oferecer às embarcações, alternadamente, abrigo contra os ventos. Por outro lado, um sistema de canais foi construído para ligar a cidade à boca Canópica, embocadura hoje desaparecida, a oeste do delta, pela qual os navios mercantes subiam a corrente em direção ao vale do Nilo.

O conquistador quis também consultar o oráculo de Ámon. Os autores antigos reconhecem que essa peregrinação coincidiu com uma mudança de rumo na existência de Alexandre. Saudado com o título de "filho de Zeus" pelo profeta oracular, daí em diante ele exigiu que sua pessoa fosse venerada. O episódio do oásis pode ser visto como o ponto de partida de uma concepção teocrática da monarquia, retomada a seguir pelos sucessores do conquistador. Assim, a instauração de um culto da realeza sob os ptolomeus e as espetaculares manifestações político-teológicas que mostram Cleópatra em posturas divinas seriam conseqüências diretas da consagração divina de Alexandre.

Alexandre deixou o Egito na primavera de 331, após passar o cargo de governador a Cleómenes, um grego de Náucratis.

II. Ptolomeu I Soter, fundador da dinastia lágida

Após a morte prematura de Alexandre na Babilônia, em 323, os generais macedônios proclamaram rei o meio-irmão de Alexandre, Filipe Arrideu, homem fraco de espírito, e procederam à partilha das satrapias, ou províncias do império.

Ptolomeu, filho de Lagos, obteve o Egito. Esse fiel companheiro de Alexandre e grande homem de guerra sabia, sem dúvida, da riqueza e da importância estratégica dessa província fácil de defender graças às suas fronteiras naturais. Aliás, já em 321, ele pôde constatar a exatidão dessa escolha. Perdicas, o "regente" nomeado na Babilônia, fracassou na tentativa de invasão do Egito. Foi degolado por suas tropas, e sua morte reforçou consideravelmente o prestígio de Ptolomeu. A posse do Egito lhe foi confirmada por ocasião da partilha de Triparadisos, cidade da Síria, em 321.

Nesse meio tempo, Ofela, o auxiliar a quem Ptolomeu confiara a anexação militar da Cirenaica, a oeste do Egito (na atual Líbia), retornou vitorioso a Alexandria. Com essa nova conquista, o sátrapa[4] Ptolomeu aumentou os territórios que lhe couberam em Triparadisos e viu-se no comando de um vasto império.

Os conflitos incessantes entre os diádocos – nome dado aos sucessores do conquistador – tiveram por conseqüência o desmembramento do império de Alexandre. Em 306-305, os sátrapas proclamaram-se reis. Ptolomeu tornou-se o *basileus* ("rei") Ptolomeu, coroando-se com o *diadema*, que passou a ser a insígnia da realeza helenística. Depois de 304, ele acrescentou a seu nome a epíclese ou epíteto *Soter* ("o salvador"), cognome de Zeus, o senhor dos deuses.

Seus sucessores fizeram o mesmo. No final da dinastia, tornou-se, inclusive, um costume acrescentar várias epicleses ao nome real.

---

4. Sátrapa: do grego *satrópês* (protetor da terra ou do país); nome dado aos governadores da província, chamadas satrapias. Na administração do imperador persa Ciro, o grande, ele nomeou vinte sátrapas que comandavam as satrapias, ou seja, as províncias que compunham o reino.

O reinado de Ptolomeu I Soter (305-283) correspondeu a um período de estabilização para o Egito. O soberano manteve-se afastado da guerra que, não obstante, comprometera-se a fazer junto com outros diádocos, coligados contra Antígono[5], o caolho, que tinha a pretensão de reconstituir em seu proveito o império de Alexandre. Isso não impediu que Ptolomeu ocupasse, em 301, a Coele-Síria, ou Síria do sul, dita "côncava" em razão da depressão do vale do Jordão. Esse território, também reivindicado por Seleuco I, que reinava na Ásia, esteve na origem de uma série de guerras ditas "sírias", nas quais as dinastias lágida e selêucida se enfrentaram ao longo da história.

Entre 295 e 287, Ptolomeu tomou posse do Chipre e das ilhas do mar Egeu, que submeteu à sua autoridade por meio de uma poderosa frota. O rei tornou-se o "protetor" da "Confederação dos Nesiotes", que agrupava as cidades das Cíclades. Com isso, Alexandria tornou-se a poderosa capital de um império terrestre e marítimo.

Ptolomeu também se destacou pela política religiosa adotada no Egito. Alexandre era o objeto de um culto oficial, a cargo de um sacerdote especialmente designado, chamado "sacerdote de Alexandre". Por outro lado, uma nova divindade, Serápis, foi criada a partir de elementos tomados dos deuses helenísticos Zeus e Hades, bem como do deus egípcio dos mortos Osíris e do touro Ápis, de Mênfis. Em Alexandria, o rei fez edificar o *Sema*, ou túmulo, que devia receber os restos mortais de Alexandre Magno, e também o *Serapeum*, grande templo consagrado a Serápis, a sudoeste da capital.

Ptolomeu morreu em 283, com a idade de aproximadamente 85 anos.

---

5. Um dos generais de Alexandre, que reinou na Síria de 306 a 301 a.C.

III. O apogeu do Egito ptolomaico (283-203)

Ptolomeu II Filadelfo, filho de Soter e de Berenice I, subiu ao trono em 285 e reinou até sua morte em 246. Fez divinizar os pais sob o nome de *theoi soteres*, "deuses salvadores". Em seu reinado, Alexandria chegou ao auge do seu poderio.

É então que o poeta Herondas põe na boca de uma de suas personagens (*Imitador de pantomimas* I, "A intermediária ou a alcoviteira"): "Tudo o que existe na terra (...) há no Egito: fortuna, ginásio, poderio, céu azul, glória, espetáculos, filósofos, ouro, belos rapazes, templos dos deuses adelfos, um excelente rei, o Museu, vinho, todos os bens que podemos desejar e uma profusão de mulheres".

Ptolomeu II se casou, em segundas núpcias, com sua própria irmã, Arsínoe II. Em 270, os dois foram divinizados sob o nome de deuses adelfos, isto é, "irmão e irmã". Um templo especial lhes foi edificado em Alexandria e seu culto associou-se ao de Alexandre.

Após um início de reinado guerreiro, Ptolomeu III Evérgeta[6] (246-221), filho de Ptolomeu II e de sua primeira esposa, Arsínoe I, assegurou ao Egito um notável período de paz e de prosperidade.

A monarquia lágida começou a dar sinais de fraqueza no reinado de Ptolomeu IV Filopator (221-203). Apesar de uma vitória militar obtida em Raphia, no ano 217, o rei, que Políbio nos apresenta como um pândego indolente, se desinteressou totalmente pelos assuntos do reino, entregues a seus ministros. A partir de 216, o país conheceu numerosos levantes de egípcios exasperados com as prevaricações dos funcionários reais. Ao morrer, Filopator deixava a seu sucessor um reino em plena guerra civil.

---

6. Evérgeta: pertencente ao povo da Cítia, região da Europa situada ao norte do Mar Negro.

IV. Os ptolomeus da decadência
(203-80)

Ptolomeu V Epifânio (203-181) tinha apenas seis anos quando subiu ao trono. Seus ministros dedicaram-se à pacificação do Egito. Reprimiram as revoltas, mas demonstraram também indulgência e clemência, sobretudo em relação ao clero egípcio, que se tornou aliado da monarquia. Ptolomeu V foi o primeiro lagida a ser coroado faraó, segundo o rito egípcio, e seus sucessores não deixaram de imitá-lo.

Quando Epifânio morreu, em 181, as revoltas haviam cessado. Mas o Egito, enfraquecido, perdera a Coele-Síria, anexada em 198 pelo selêucida[7] Antíoco III.

Regente de seu jovem filho Ptolomeu VI Filometor, a rainha Cleópatra I conseguiu manter o reino em paz até sua morte, em 172. Mas, em 170, o Egito foi invadido pelo selêucida Antíoco IV e só pôde recuperar sua independência graças à intervenção de Roma. O enviado do Senado romano em Alexandria, C. Popílio Laenas, ordenou a Antíoco IV que abandonasse o Egito. Temendo a inimizade dos romanos, o selêucida preferiu renunciar à sua conquista e retirou-se imediatamente do país. Assim, Roma se impôs como árbitro do conflito.

Mas o papel de Roma não deixou de aumentar durante as décadas seguintes. Aliás, os conflitos dinásticos dos ptolomeus foram os principais responsáveis por isso. Em 164, Ptolomeu VI Filometor foi expulso do Egito por seu irmão mais moço, o futuro Ptolomeu VIII Evérgeta. Filometor resolveu ir a Roma implorar o apoio do Senado, oferecendo a este último a ocasião sonhada de imiscuir-se novamente nos assuntos do Oriente. Em 163, os romanos impuseram aos dois irmãos a partilha de seu reino: Ptolomeu VI Filometor e sua irmã-esposa, Cleópatra II, receberam o Egito e o Chipre, enquanto o jovem Ptolomeu ficou com a Cirenaica.

Com isso, Roma fragmentava o império, já bastante enfraquecido, dos ptolomeus. A sombra tutelar do Senado

---

[7]. Selêucida: pertencente à dinastia fundada por Seleuco, general de Alexandre.

pairava constantemente sobre Alexandria. A cada nova disputa, os irmãos enviavam suas queixas a Roma. O jovem Ptolomeu chegou mesmo a ir à Itália, em 154, para mostrar aos senadores os ferimentos que lhe teriam sido causados por assassinos pagos pelo irmão.

Quando Ptolomeu VI Filometor morreu, em 145, o jovem Ptolomeu deixou precipitadamente a Cirene e foi para Alexandria. Desposou sua irmã Cleópatra II, da qual eliminou o filho, Ptolomeu VII, herdeiro legítimo do trono. Ptolomeu VIII adotou a epiclese de Evérgeta, a exemplo do seu antepassado Ptolomeu III. Em realidade, os alexandrinos o chamavam mais usualmente *Physcon*, o "Barrigudo", em razão de sua obesidade monstruosa. Ele reinou sobre o império lagida reunificado de 145 a 116. Mas seu reinado não conheceu o fim das disputas dinásticas. Possuído de desejo, ao que relata Justino, por Cleópatra III, filha de Cleópatra II e de Ptolomeu VI, o "Barrigudo" desposou sua jovem sobrinha. Pela primeira vez, não era mais um casal, mas um trio que reinava em Alexandria. As duas esposas logo se odiaram. Começou uma guerra que obrigou o "Barrigudo" e Cleópatra III a fugir para Chipre (131), enquanto Cleópatra II permanecia como rainha única do Egito. Para vingar-se, o "Barrigudo" mandou enviar à sua irmã-esposa o cadáver esquartejado do filho que tivera com ela. Dois anos mais tarde, ele conseguiu voltar a Alexandria, onde acabou por fazer as pazes com Cleópatra II. Para pôr fim à guerra civil que ainda devastava o Egito, o trio de soberanos reconciliados promulgou um decreto de anistia, apagando os delitos cometidos e trazendo de volta a calma ao país (118).

O rei morreu em 116. Por testamento, legava seu reino a Cleópatra III, com exceção da Cirenaica, oferecida a Ptolomeu Ápio, filho que teve com sua concubina Irene.

Cleópatra III decidiu reinar sem partilha sobre o Egito. A seu filho Ptolomeu IX Soter concedeu um papel de soberano puramente nominal. Inicialmente cognominada *thea evergétis* ("deusa benfeitora"), ela acrescentou depois a seu nome as epicleses *philometor* ("que-ama-sua-mãe") e *soteira* ("salvadora"). Nada menos que cinco sacerdotes – quatro deles mulheres – foram consagrados a seu culto. Ela foi também associada à deusa egípcia Ísis. É pela expressão "Ísis, grande mãe dos deuses" que a rainha é designada num papiro demótico de 112-111.

Em 107, a rainha depôs Ptolomeu IX Soter e o substituiu por seu segundo filho, Ptolomeu X Alexandre. Ptolomeu IX foi para o Chipre e acabou por apoderar-se da ilha.

Cleópatra III morreu em 101. Sob muitos aspectos, seu reinado anuncia o de sua bisneta Cleópatra VII. Encontramos nas duas a mesma paixão pelo poder e o mesmo gosto pelas pomposas encenações político-religiosas.

Ptolomeu X Alexandre desposou sua sobrinha Berenice III. Em 88, foi expulso pelos alexandrinos, que chamaram de volta seu irmão, Ptolomeu IX Soter, no Chipre. Este recuperou o trono e nele se manteve até sua morte, em 80.

Sila, que governava Roma, impôs como rei Ptolomeu XI Alexandre, filho de Ptolomeu X. Este último devia se casar com Berenice III, sua prima. Mas, pouco depois das núpcias, ele mandou assassinar sua esposa e acabou sendo massacrado pelos partidários da rainha.

Ptolomeu Ápio, morto em Cirene sem deixar filhos, no ano 96 a.C., havia legado seu reino a Roma. A dinastia lágida se encontrava, então, sem herdeiro legítimo.

Capítulo II
Ptolomeu XII Aulete, o pai de Cleópatra

I. Ptolomeu XII e Cleópatra VI

Para evitar uma crise dinástica da qual Roma poderia se aproveitar, os alexandrinos se apressaram em colocar no trono, em 80 a.C., dois filhos bastardos de Ptolomeu IX Soter. Um deveria reinar no Chipre, o outro em Alexandria. Este último, Ptolomeu XII, adotou as epicleses *Philopator* ("que-ama-seu-pai") e *Philadelpho* ("que-ama-sua-irmã"). O casamento do rei com sua irmã, Cleópatra VI Trifena, justificava a segunda epiclese. Juntos, os soberanos tornaram-se os deuses *Philipatores Philadelphoi.* A escolha dessas invocações fazia referência aos gloriosos antepassados da dinastia, Ptolomeu II e Arsínoe II, bem como a Ptolomeu IV e Arsínoe III, provavelmente com a finalidade de legitimar o novo casal real. Mas, nem por isso, os alexandrinos deixaram de chamar seu rei de *Nothos*, isto é, "o bastardo". Quando, em 69, adotou também a epiclese oficial *Neos Dionysos* ("Novo Dioniso"), o povo passou a chamá-lo *Aulete* ("o tocador de flauta").

Nada se sabe da mãe do casal. Assim, a avó de Cleópatra, filha de Aulete e de Trifena, nos é desconhecida. É possível que sua ausência em nossas fontes indique tratar-se de uma cortesã, da qual não haveria motivo de orgulho. No entanto, algumas concubinas reais, como Irene, mãe de Ptolomeu Ápio, são conhecidas.

Ptolomeu XII foi coroado faraó, seguindo o exemplo de seus predecessores desde Ptolomeu V Epifânio. Mas, por uma razão que permanece obscura, o coroamento só ocorreu em 76, a acreditar na estela, hoje no British Museum, de Psenptaís (ver E.A.E. Reymond, *From the Records of a Priestly Family from Memphis*, Wiesbaden 1981, p. 136), o grande-sacerdote do deus Ptah que coroou o rei, indo até Alexandria. Ptolomeu foi coroado em seu palácio, e não no templo de Mênfis, como era costume.

II. O rei e Roma

O advento de Aulete não foi reconhecido pelo Senado romano. A situação, portanto, era bastante delicada. Em Roma, alguns eram partidários de uma anexação pura e simples do Egito em virtude de um pretenso testamento de Ptolomeu XI Alexandre II. O soberano, diziam, havia legado seu reino a Roma, como já havia feito o rei de Cirene, Ptolomeu Ápio, em 96.

Por outro lado, Cleópatra Selene, filha de Ptolomeu VI, rainha da Síria, reivindicava a coroa do Egito para os seus dois filhos jovens. Selene era, de fato, a última lagida legítima, mas seus filhos tinham o defeito, aos olhos dos romanos, de serem em parte selêucidas. Assim, Roma rechaçou as pretensões da rainha da Síria e preferiu manter no trono o bastardo, sem reconhecê-lo oficialmente, para não ter que apoiar um soberano capaz de apresentar-se um dia como o herdeiro tanto dos selêucidas quanto dos ptolomeus. Cleópatra Selene morreu em 69, mesmo ano do nascimento da grande Cleópatra, sem ter visto seus desejos satisfeitos.

Nem por isso Aulete estava tranqüilo. A anexação do Egito estava sempre na ordem do dia em Roma. O partido popular fez propostas nesse sentido, em 65 e em 64, durante o mandato de Crasso. Cícero, cônsul em 63, se opôs a tal medida, não por defender Aulete, mas para impedir que a fortuna de seus inimigos aumentasse com essa anexação.

No mesmo momento, Pompeu pôs fim à independência da Síria, que passou a ser uma província de Roma. Com isso, o império selêucida desaparecia.

Aulete sentia-se, portanto, pressionado, e constatava mais do que nunca a fragilidade e a precariedade do seu trono.

Reagiu com certa habilidade, não hesitando em humilhar-se para conservar a independência. Enviou suntuosos presentes a Pompeu, bem como oito mil cavaleiros para apoiar o *imperator* quando ele tomou posse da Palestina. Aos olhos de alguns alexandrinos, a iniciativa de Aulete parecia claramente vergonhosa: o rei ajudava Roma a conquistar regiões que outrora haviam pertencido a Alexandria. Aulete escapava, porém, da intervenção militar de Roma em seu território.

É nesse contexto de submissão e de humilhação que cresce Cleópatra. Pode-se supor que a tomada de consciência da "espada de Dâmocles"[8], que ameaçava o trono do pai, não deixou de influenciar seu caráter e de orientar seus futuros projetos políticos.

Ao contrário da grandeza passada dos lagidas, o rei do Egito não era mais do que um cliente dos romanos. Contudo, o país ainda gozava de uma prodigiosa riqueza. O historiador Diodoro de Sicília, que visitou Alexandria por volta do ano 60 a.C., nos conta que o rei ainda obtinha grandes rendimentos com a exploração agrícola do país: mais de 6 mil talentos por ano.

O reino de Aulete, frágil porém rico, era assim uma presa ideal para o partido popular em Roma. Quando Júlio César, chefe dos *populares* com Crasso, tornou-se cônsul em 59, o rei do Egito deve ter pensado que o fim do seu reinado estava próximo. Seu único recurso foi comprar o cônsul. Em troca de 6 mil talentos, o rendimento anual do rei, César fez votar um projeto de lei que reconhecia Aulete como rei do Egito, "aliado e amigo do povo romano". Mas o mesmo não valia para o irmão de Aulete, que reinava no Chipre. No ano seguinte, o tribuno Clódio, amigo de César, propôs declarar o Chipre província romana. Marco Catão foi enviado para tomar posse da ilha em nome do povo romano. O irmão do rei do Egito, não obstante a proposta de Catão para que fosse sacerdote de Afrodite em Pafo, preferiu suicidar-se. Os tesouros do rei do Chipre foram levados a Roma.

---

8. Expressão que simboliza o perigo num momento de prosperidade aparente.

Aulete conseguiu, portanto, comprar seu reino, mas estava, mais do que nunca, isolado. Todas as regiões que outrora fizeram parte do império lagida, a Cirenaica, o Chipre e a Palestina, haviam sido anexadas por Roma.

III. A revolta dos alexandrinos

Provavelmente, revoltados com a perda do Chipre, os alexandrinos sublevaram-se em 58, e Aulete precisou fugir precipitadamente. Decidiu ir à Itália para implorar seu restabelecimento no trono, com o apoio de uma intervenção militar romana. A caminho, passou por Rodes, onde se encontrava Catão. Este recebeu o soberano do Egito de uma maneira deliberadamente cínica e desdenhosa.

Aulete prosseguiu viagem até Roma. Pompeu o convidou a comparecer em sua *villa* nos montes Albanos. O rei fez o possível para conquistar o apoio dos senadores, multiplicando os presentes e as promessas de dinheiro. Mas logo lhe faltaram recursos, e ele teve que pedir empréstimos, em particular ao rico financista Rabírio Póstumo. Aulete prometeu a Rabírio o cargo de *diocete*, isto é, administrador do reino, tão logo fosse restabelecido no trono.

Tomando conhecimento das intrigas de Aulete, os alexandrinos enviaram a Roma uma delegação de cem cidadãos, liderados pelo filósofo Díon, a fim de se opor à volta do rei. Mas ele estava atento e contratou assassinos de aluguel para matar a maior parte dos enviados quando desembarcaram em Pózzuoli, na Campânia. Díon escapou do massacre, mas não ousou mais levar adiante a missão. Pouco depois, foi encontrado assassinado na casa do seu anfitrião, Luceio.

Em Alexandria, Cleópatra VI Trifena, que não acompanhara o marido no exílio, continuou sendo rainha do Egito. Morreu alguns meses mais tarde, em 57. Foi sucedida pela filha Berenice IV, a quem buscaram um esposo. Com apenas três anos de idade, o mais velho de seus irmãos pareceu, sem dúvida, muito jovem para formar com ela um novo casal digno de crédito. Dois selêucidas se apresentaram como possíveis candidatos, mas um morreu durante as negociações, enquanto o outro, Filipos, foi retido na Síria pelo procônsul Gabínio. Um certo Seleuco, que se gabava de pertencer à família dos selêucidas, apresentou-se também em Alexandria, mas era tamanha a sua grosseria que a rainha fez com que o estrangulassem alguns dias após sua chegada. Descobriram, por fim, um certo Arquelau, filho de um general de Mitridates, mas que dizia ser filho natural do rei do Ponto.[9] Como Arquelau havia passado para o lado dos romanos durante a segunda guerra contra Mitridates, Pompeu decidiu nomeá-lo grande-sacerdote de Cibele, em Comana do Ponto. O casamento com Berenice se realizou durante o inverno de 56-55.

Aulete deixou Roma no final do ano 57. Sua presença não era mais necessária, já que o princípio do seu restabelecimento, por uma intervenção militar romana, fora obtido. Restava saber quem se encarregaria disso.

Ao chegar à Ásia, o rei entrou em contato com Aulo Gabínio, o procônsul da Síria, partidário de Pompeu. Prometeu-lhe dez mil talentos em troca da expedição militar que lhe permitiria voltar ao trono. Gabínio aceitou e invadiu o Egito na primavera de 55. Estava acompanhado por Marco Antônio, seu comandante de cavalaria. Arquelau tentou resistir, mas foi vencido e morto. Assim, de volta a Alexandria, Aulete recuperou seu palácio e seu reino.

IV. O segundo reinado de Aulete

Aulete logo mandou assassinar a filha Berenice IV, assim como os partidários dela. Restavam-lhe quatro filhos: Cleópatra VII, Arsínoe IV, Ptolomeu XIII e Ptolomeu XIV, respectivamente com as idades de catorze, nove, seis e quatro anos. Apiano conta-nos que Marco Antônio foi seduzido pelos encantos da jovem Cleópatra já em sua passagem por

---

9. Reino da Ásia Menor, nas margens do Mar Negro, célebre por suas lutas contra os romanos.

Alexandria em 55. Evidentemente, é impossível verificar tal afirmação, que se deve talvez mais a uma visão retrospectiva da história do que à realidade.

Durante o segundo reinado de Aulete, o Egito foi colocado, mais do que nunca, sob a tutela de Roma. Gabínio deixou tropas acampadas nos arredores de Alexandria para garantir a segurança de Aulete e, principalmente, para evitar uma nova sublevação contra o rei. Por outro lado, o reino estava nas mãos dos credores de Aulete. Rabírio Póstumo, que obtivera o cargo de *diocete*, passou a comandar as finanças do país. Mas ficou menos de um ano, sendo expulso por um movimento de cólera dos alexandrinos. De volta à Itália, com as somas importantes que pôde obter durante seu mandato, foi levado à justiça. Cícero tomou a defesa do acusado e compôs, na ocasião, o discurso *Pro C. Rabirio Postumo*.

Aulete morreu em 51.

Capítulo III
Cleópatra e César

I. Cleópatra VII e Ptolomeu XIII (51-48)

Cleópatra, sétima rainha com esse nome, subiu ao trono em 51 a.C. Tinha dezoito anos de idade. Seguindo o costume dinástico e a vontade do rei defunto, expressa por testamento, ela desposou seu irmão Ptolomeu XIII, de dez anos de idade. O novo casal real foi divinizado sob o nome *theói philopatores*, ou "deuses que amam seu pai".

A rainha provavelmente achou que podia se valer da juventude do irmão para exercer a realidade do poder. Mas uma rivalidade não tardou a surgir entre Cleópatra e o séquito do irmão. O eunuco Potino, *tropheus* ou preceptor do rei, o estratego Áquila, comandante do exército, e o mestre de retórica Teodoto de Quios, todos os três conselheiros do jovem rei e homens poderosos do reino, tomaram o partido de se opor à rainha e encorajaram Ptolomeu a romper com a irmã.

É provável que as relações entre os dois partidos fossem péssimas já no ano 50. Quando se organizou em torno dela a intriga palaciana, orquestrada por Potino, Cleópatra compreendeu que somente um apoio exterior poderia conservar-lhe o trono, e ela buscou esse apoio em Roma.

A Itália, no entanto, não estava menos desunida do que o Egito. Júlio César e Pompeu travavam uma luta implacável, a guerra civil ameaçava a República. Cleópatra tomou o partido de Pompeu. Era uma escolha natural, já que este, no passado, apoiara Aulete em Roma. O filho de Pompeu, Cneu Pompeu, desembarcou em Alexandria para pedir a participação militar e financeira do Egito. Foi recebido pela rainha, que se tornou sua amante e lhe concedeu uma ajuda inesperada: vinte navios, uma grande quantidade de trigo e quinhentos ex-"gabinianos", ou soldados de Gabínio, que haviam permanecido no Egito depois de 55.

Uma das prioridades da política da rainha era conservar a amizade de Roma e, mais precisamente, do partido pompeiano que, em caso de vitória, não deixaria de reconhecer sua dívida para com o Egito. Cleópatra conciliou-se da mesma forma com Bíbulo, poderoso procônsul da Síria. Ele reclamava a volta à Síria de todos os "gabinianos", dos quais necessitava para a luta contra os partos.[10] Ele enviou seus dois filhos a Alexandria para pedir o retorno dos soldados. Mas os "gabinianos", em sua maior parte, consideravam-se estabelecidos em definitivo no Egito, onde haviam se casado e recebido terras, bem como o estatuto de *katoikoi*, ou colonos militares. Muitos se recusaram a deixar o país e se rebelaram. Os filhos de Bíbulo foram assassinados. A rainha mandou prender os culpados e os enviou, acorrentados, ao procônsul da Síria.

A ajuda concedida ao filho de Pompeu e a extradição dos assassinos dos filhos de Bíbulo, provavelmente, fizeram aumentar a hostilidade de Potino, Áquila e Teodoto contra a rainha, que se impunha como chefe da política exterior do Egito.

Em 48, quando o jovem rei atingiu sua maioridade, Potino e seus amigos acusaram a rainha de complô contra o irmão e provocaram uma insurreição dos alexandrinos. Cleópatra foi obrigada a fugir, mas não se declarou vencida. Foi para a fronteira oriental do Egito, ao sul da Palestina, onde montou um exército recrutado entre as tribos árabes.

Ao tomarem conhecimento disso, Potino, Teodoto e Áquila, assim como o jovem rei, deixaram Alexandria e marcharam ao encontro da rainha a fim de lhe barrar o caminho de volta. Quando instalaram seu acampamento ao pé do monte Cássio, perto de Pelusa [atual Tiné, no Egito], ficaram sabendo da chegada iminente de Pompeu. Com isso, as duas

---

10. Famoso povo guerreiro, do noroeste da Ásia, que por muito tempo resistiu aos romanos e só no século II d.C. seria subjugado por Trajano.

guerras civis, a egípcia e a romana, se interceptavam. Derrotado em Farsália, na Tessália, Pompeu, a conselho do seu confidente Teófanes de Lesbos, tomara o caminho do Egito. Lá seria bem recebido, ele pensou, pelo filho de Aulete, seu aliado, e poderia reconstituir suas forças antes de retomar a luta contra César.

A notícia da chegada de Pompeu colocou o séquito de Ptolomeu diante de uma grande confusão. Ouçamos Plutarco (*Vida de Pompeu*): "As opiniões mais contrárias foram propostas. Uns queriam rechaçar Pompeu, outros queriam recebê-lo. Mas Teodoto, fazendo valer sua arte retórica, mostrou que não havia segurança em nenhuma dessas duas posições. 'Receber Pompeu', ele dizia, 'é ganharmos César como inimigo e Pompeu como mestre (...). O melhor partido, portanto, é recebê-lo, mas fazê-lo perecer. Assim, faremos um favor a César, sem precisar temer Pompeu.' E dizem que ele acrescentou, sorrindo: 'Um morto não morde'. Essa posição foi adotada, e Áquila encarregou-se da execução". A continuação do texto descreve uma cena patética. Aos olhos da esposa em pranto, Pompeu entrega-se aos golpes dos assassinos e morre dignamente, sem gemer, contentando-se, por pudor, em cobrir o rosto com a toga. A seguir, "os assassinos cortaram a cabeça de Pompeu e lançaram fora do barco o corpo nu, que deixaram exposto aos olhares dos que quisessem se saciar com essa visão."

II. César no Egito (48-47)

Depois da batalha de Farsália, César saíra em perseguição do seu inimigo. Aproveitando ventos particularmente favoráveis, chegou em Alexandria poucos dias após o assassinato de Pompeu.

Teodoto veio apresentar-lhe a cabeça do ex-rival, achando que César logo tomaria o caminho de volta a Roma. Mas a manobra não produziu o efeito esperado. Segundo Apiano, "quando trouxeram a cabeça de Pompeu a César, ele ficou muito chocado". O vencedor teria mesmo chorado a morte do inimigo. Consciente de que daí em diante era o senhor de Roma, César quis, talvez hipocritamente, imitar Alexandre, que havia deposto seu manto e derramado lágrimas sobre o cadáver de Dario III em Hecatômpilo.

César ordenou o desembarque de suas tropas (3,2 mil homens e oitocentos cavalos) e penetrou na cidade, precedido de lictores[11] que portavam os feixes da República. Pode-se perguntar quais eram suas intenções. Oficialmente, o *imperator*, representante de Roma, colocou-se como árbitro entre Cleópatra e seu jovem irmão, em virtude do testamento de Aulete. Em realidade, a reconciliação era somente um pretexto para aumentar ainda mais a dependência do Egito em relação a Roma. César instalou-se como senhor no palácio real e exigiu a vinda imediata do rei e da rainha.

Deixando Pelusa, onde seu exército alinhado em formação de batalha estava a ponto de enfrentar as tropas de Cleópatra, Ptolomeu XIII foi para Alexandria, acompanhado de Potino. Para Cleópatra, porém, era mais difícil responder à convocação de César. Ela podia, a qualquer momento, ser interceptada e assassinada pelos partidários do irmão.

> Plutarco (*Vida de César*) conta-nos que a rainha recorreu a uma artimanha. Conseguiu entrar à noite em Alexandria, numa pequena embarcação, acompanhada apenas de um de seus fiéis servidores, Apolodoro de Sicília. Restava ainda penetrar no palácio sem fazer-se reconhecer: "Como não havia meio algum de entrar sem ser reconhecida", escreve Plutarco, "ela se enrolou dentro de um saco que Apolodoro atou com uma correia, fazendo-o chegar até César, pela própria porta do palácio".

Essa artimanha de Cleópatra foi, dizem, o que primeiro cativou César. Ele teria ficado "maravilhado por esse espírito inventivo e, depois, subjugado pela doçura e os encantos de sua conversação". César tornou-se amante da rainha. Percebendo a cumplicidade que se estabelecera entre a irmã e o

---

11. Guardas que, em Roma, acompanhavam os membros da suprema magistratura.

imperator, o jovem rei, segundo Díon Cássio, "enfurecido", teria arrancado e atirado no chão seu diadema. Mas César conseguiu acalmá-lo, buscando reconciliá-lo com a irmã. Organizou um encontro público entre os soberanos e, também, um grande festim para selar a reconciliação. De acordo com a vontade última do pai de ambos, Ptolomeu e Cleópatra se comprometiam a compartilhar o poder real.

Mas a paz foi de curta duração e não passou de quinze dias. Plutarco (*Vida de César*) descreve a "conduta insuportável de Potino". "Por suas palavras e por seus atos, ele fazia o possível para tornar César odioso e desprezível." O eunuco percebera que podia reverter a situação em seu favor. Com seus 3,2 mil homens e oitocentos cavalos, o senhor do palácio real era também o refém de uma população muito numerosa – entre quinhentos mil e um milhão de habitantes – e particularmente hostil aos romanos.

Potino passou a encorajar o ódio dos alexandrinos contra César. Além disso, para exasperar os soldados romanos, fez com que lhes fosse entregue pão apodrecido. Por fim, o eunuco enviou uma mensagem a Áquila, ainda estacionado em Pelusa, para que marchasse sobre Alexandria com seus 22 mil homens.

César estava, portanto, numa situação bastante crítica. No momento em que Áquila entrou em Alexandria, a população sublevou-se contra os romanos e teve início a "Guerra de Alexandria", relatada em *Bellum Alexandrinum*, obra atribuída a César, mas cujo autor é desconhecido.

Prisioneiro na área do palácio real, César tornou suas posições inexpugnáveis através de fortificações. Áquila tentou então apoderar-se do porto real. Mas o romano mandou incendiar a frota egípcia ali ancorada. O incêndio estendeu-se e causou muitos danos, destruindo, entre outras coisas, os depósitos do porto. Mas não é certo que a famosa biblioteca tenha sido destruída nessa ocasião (ver cap. VII, I).

No interior do palácio, com os soberanos e César, também se achavam Potino e a jovem irmã da rainha, Arsínoe IV. Potino, cuja correspondência com Áquila fora descoberta, foi morto por ordem de César. Quanto a Arsínoe IV, de dezesseis anos de idade, ela pensou em tirar proveito da guerra para fazer-se proclamar rainha. Logo no início do conflito, conseguiu fugir do palácio, em companhia do eunuco Ganimedes, e juntou-se às tropas de Áquila. Mas surgiu uma rivalidade entre Áquila e Ganimedes. Arsínoe tomou a defesa do eunuco e fez executar o estratego. "Com essa última morte", escreve o autor do *Bellum Alexandrinum*, "ela obtinha para si, sem partilhar com ninguém, todo o poder. Arsínoe entrega o exército a Ganimedes. Este, ao assumir o posto, aumenta as benesses à tropa." A seguir, ele tenta matar de sede os romanos, fazendo entrar água do mar nas canalizações que abasteciam César. Mas o *imperator* consegue afastar o perigo mandando cavar poços.

Algum tempo depois, alguns alexandrinos, provavelmente ex-partidários de Áquila, entram em negociações com César. Pedem que o romano deixe o rei juntar suas tropas e prometem, em troca, eliminar Ganimedes. César solta Ptolomeu XIII, certamente por cálculo político, a fim de agravar as dissensões no campo adversário. O rei junta-se ao exército egípcio e, de imediato, faz desaparecer Ganimedes. Parece que ele próprio teria assumido o comando das tropas; provavelmente, não teve nenhuma dificuldade de reunir a seu redor os alexandrinos, hostis a César, em sua luta contra os romanos.

Mas, no começo do ano 47, o *imperator* recebe o reforço de uma das legiões que solicitara a seu auxiliar Calvino. Esta é comandada por Mitridates de Pérgamo, filho natural do grande Mitridates e aliado de César. Primeiro, Mitridates ocupa Pelusa. Toma, a seguir, o caminho de Mênfis e depois, rumo ao norte, marcha para Alexandria, conseguindo juntar-se com as tropas de César. O exército egípcio é vencido e, em grande parte, massacrado no combate. Ptolomeu XIII consegue fugir, mas afoga-se no Nilo (janeiro de 47).

Nesse meio tempo, Cleópatra havia ficado no palácio real, certamente odiada pelos alexandrinos por ter escolhido o partido dos inimigos do Egito. Contudo, a morte de Ptolomeu e o exílio de Arsínoe IV, enviada à Itália para figurar na entrada triunfal do *imperator*, faziam dela a senhora incontestável do reino. Toda a oposição calou-se, eliminada pelas armas ou resignada a aceitar a lei do vencedor.

Para respeitar a tradição dinástica, a rainha desposou o irmão mais jovem que lhe restava: Ptolomeu XIV, de doze anos de idade. Este não será mais do que um soberano puramente nominal; talvez por não ser dotado de uma personalidade muito forte. O novo rei recebeu a epiclese do seu predecessor, "Filopator". Para designar o casal real, foi adotado o cognome divino de *théoi philopatores* ("os deuses que amam seu pai"), já usado pela rainha e seu primeiro esposo.

De volta a Alexandria, após a vitória, César passou ainda quase três meses no Egito. A tradição diz que foi por amor à rainha. Muitos se surpreenderam que o *imperator* tivesse escolhido ficar no Egito quando seus adversários reconstituíam suas forças em diversos pontos do Mediterrâneo. Tão perto do alvo, não corria César o risco de perder, mantendo-se longe de Roma, a vantagem conquistada depois da vitória de Farsália e da morte de Pompeu? Nenhuma razão política parece explicar o prolongamento da temporada egípcia de César. As questões do Egito estavam resolvidas, e os adversários egípcios de Roma, reduzidos ao silêncio. Nesse contexto, cumpre reconhecer que a tradição certamente está certa. Aliás, por que a paixão seria excluída da história? Evitemos também atribuir às personagens da Antigüidade motivos que orientariam os homens do século XX. Um ditador contemporâneo talvez não "perdesse" seu tempo nos braços de uma rainha, mas César não é um ditador do século XX.

Assim, o *imperator* ficou com a rainha durante os primeiros meses do ano 47. "Ele percorreu o Nilo", diz Apiano (*Guerras civis*), "com quatrocentos barcos e admirou a paisagem em companhia de Cleópatra, que também lhe proporcionava muito prazer." Depois de tantas guerras conduzidas com sucesso, César, aparentemente, se deu alguns meses de descanso, conjugando o amor à rainha e as visitas às maravilhas do Egito.

Segundo Apiano, César, que tinha "interesse pela ciência", consultou os sacerdotes egípcios, assim como Alexandre, em seu tempo, havia interrogado os sábios do Oriente. O tema da imitação de Alexandre parece ter motivado alguns comportamentos do *imperator*, que ficou nove meses no Egito.

Somente em abril de 47, ou mesmo um pouco mais tarde, ele deixou Alexandria para ir à Ásia. Três legiões permaneceram no Egito para garantir a segurança de Cleópatra.

Pouco tempo antes, o *imperator* havia devolvido o Chipre ao Egito. A retomada de posse dessa ilha assegurou à rainha um certo prestígio, sobretudo junto a súditos ainda recalcitrantes. Lembremos que foi por causa da perda do Chipre, onze anos antes, que os alexandrinos expulsaram seu rei. A união da rainha e de César começava assim a dar frutos.

III. Cesário

Pouco depois da partida de César, ou mesmo antes, a acreditar em Plutarco (*Vida de César*), a rainha teve um filho cuja paternidade atribuiu ao *imperator*. De acordo com uma estela demótica descoberta no *Serapeum* de Mênfis, atualmente no Louvre, o menino, chamado César como o pai, nasceu em 23 de *Payni* (23 de junho) de 47 a.C. Segundo a inscrição desse monumento, a data corresponderia igualmente à festa de Ísis. Pode-se perguntar se essa coincidência não foi forjada pela propaganda real. Confundida ela mesma com a deusa Ísis, Cleópatra, certamente, quis associar o filho ao deus Horo.

O menino foi também chamado Ptolomeu, mas é com o diminutivo de Cesário, "pequeno César", dado pelos alexandrinos – segundo Plutarco –, que ele passou para a posteridade. Seu nascimento oficializava, de certo modo, a união da rainha e do *imperator*. Cleópatra poderia ter atribuído a paternidade a Ptolomeu XIII, a fim de respeitar o costume dinástico, mas não o fez, consciente da importância política que lhe conferia seu novo estatuto de mãe daquele que um dia poderia proclamar-se o herdeiro de César. A ida da rainha a Roma, acompanhada do filho, em 46, mostra que ela considerava que seu futuro se decidiria na Itália.

Talvez para apaziguar o descontentamento dos egípcios, que deviam condenar a proclamação pública da união de sua rainha e do *imperator*, um artifício religioso foi empregado. Em fragmentos de baixos-relevos provenientes de um *mammisi*, templo onde se celebrava o nascimento divino do filho da realeza, erguido em Hermonthis [Egito], César é apresentado como a encarnação do deus solar Rá. O estratagema era hábil: ao unir-se a um deus, a rainha não havia de modo algum infringido a tradição faraônica. Os baixos-relevos e inscrições do *mammisi* de Hermonthis traduzem a vontade da rainha de aumentar seu prestígio junto aos sacerdotes e à população egípcia.

IV. A rainha em Roma (outubro de 46-março de 44)

Durante o verão de 47, em Zela, César esmagou Fárnaces, rei do Bósforo[12], mas adiou para mais tarde a expedição que projetava contra os partos. Depois de resolver rapidamente as questões da Ásia, ele voltou a Roma por um curto período, durante o qual o Senado lhe confiou a ditadura por um ano.

Em seguida, precisou partir de novo para a África (dezembro de 47), onde os republicanos, ajudados pelo rei Juba I da Numídia [atual Argélia], o esperavam para enfrentá-lo. Em abril de 46, César obteve uma vitória decisiva em Tapso. Catão, chefe dos republicanos, e Juba se suicidaram.

O *imperator* voltou a Roma no verão de 46. O Senado acabava de nomeá-lo ditador por dez anos e lhe concedeu um grande número de honrarias excepcionais. César nomeou Marco Antônio *magister equitum* ("mestre de cavalaria"), isto é, seu chefe de estado-maior e suplente. Grandiosas cerimônias de triunfo foram organizadas para celebrar as vitórias obtidas na Gália, na África, em Alexandria e no Bósforo. Arsínoe IV, assim como Vercingetórix, desfilaram acorrentados pelas ruas de Roma. No entanto, talvez em razão da simpatia popular que suscitou, Arsínoe não foi executada, ao contrário do chefe gaulês. César contentou-se em enviá-la posteriormente ao exílio no templo de Artemis, em Éfeso.

Foi provavelmente depois dessas cerimônias que Cleópatra veio reunir-se ao ditador em Roma. Ela estava

---
12. Reino estabelecido nas duas margens do estreito que liga o Mar de Mármara e o Mar Negro.

acompanhada de Cesário, bem como de Ptolomeu XIV que, por precaução, não foi deixado sozinho em Alexandria, onde poderia ser vítima de eventuais intrigantes, encorajados pelo afastamento da rainha.

O ditador hospedou Cleópatra na propriedade que possuía fora da cidade, na margem direita do Tibre. É lá que a rainha vai ficar durante quase um ano e meio. Ela permaneceu em Roma enquanto César se ocupava em esmagar os filhos de Pompeu na Espanha, na primavera de 45. Foi só depois do assassinato do ditador, nos Idos de março de 44, que ela voltou ao Egito.

Sabe-se pouco sobre sua temporada, embora relativamente longa, em Roma. Disso talvez se possa deduzir que ela se manteve discreta, a menos que, em razão da atualidade política intensa do momento, estivesse apenas relegada a um segundo plano.

As cartas de Cícero nos dão algumas indicações sobre a rainha, "quando ela habitava os jardins do outro lado do Tibre" (*Ad Atticum* XV, 15). "Detesto a rainha (...) Não quero nada com essa gente", escreveu o orador ao amigo Ático. Infelizmente, Cícero não expõe claramente suas razões. "Amônio", diz ele, "depositário das promessas da rainha, sabe o motivo; tratava-se de promessas de ordem literária." Teria Cleópatra prometido fazer chegar a Cícero algumas obras de Alexandria? Teria ela, posteriormente, não cumprido a promessa? É difícil ler nas entrelinhas. Notemos, porém, que a carta, datada de 13 de junho de 44, é posterior à morte do ditador e ao retorno da rainha a Alexandria, e que Cícero, ao criticar Cleópatra, assumia poucos riscos. É possível que ele buscasse de uma forma indireta agradar aos inimigos do ditador assassinado. Mas não se pode excluir a possibilidade de que a "soberba" da rainha o tenha, simplesmente, irritado.

O verdadeiro problema, quanto à temporada de Cleópatra em Roma, é o das intenções profundas de César. O ditador tinha uma esposa legítima, Calpúrnia, com a qual não tinha filhos. É talvez a razão pela qual ele reconheceu Cesário como filho. "Ele permitiu (a Cleópatra) dar seu nome ao filho que ela tivera", nos diz Suetônio. Esse ato por certo foi visto como uma provocação nos meios republicanos tradicionais. Além disso, no templo de Vênus *Genitrix*, que mandou construir "cumprindo uma promessa feita antes da batalha de Farsália" (Apiano), César fez instalar uma estátua de ouro de Cleópatra. Essa "bela estátua de Cleópatra" achava-se "ao lado da estátua da deusa". Otávio não a fez destruir após a batalha de Áccio, e ela podia, ainda, ser admirada na época de Apiano, no século II d.C.

Sendo Cleópatra já adorada como uma nova Ísis e uma nova Afrodite no Oriente, parece que César quis, a título privado, homenagear a rainha associando-a a Vênus, divindade latina correspondente à Afrodite grega. Apesar das aparências, pode ter sido um ato calculado, e não a conseqüência de alguma cegueira amorosa. O ditador gabava-se de manter uma ligação íntima com a deusa do amor e da beleza, da qual ele mesmo se apresentava como o descendente. Isso fazia parte do que poderíamos chamar sua "mitologia pessoal". Vênus ornava seu sinete. Vênus *Victrix* ("Vênus Vitoriosa") foi a divisa de sua ordem de comando em Farsália. Assim, a estátua de Cleópatra representava a rainha sob os traços de Vênus. E não é impossível que a "Vênus do [monte] Esquilino", no museu do Capitólio, seja uma reprodução da obra original proposta pelo ditador (ver cap. VI, III). Pela associação de Cleópatra a Vênus, César permitia uma aproximação entre a rainha e seus antepassados do *gens Julia*. O *imperator* justificava, por esse artifício mitológico, sua ligação com Cleópatra.

No ano 45, o Senado votou novas honrarias a César. Estátuas do ditador foram erigidas em Roma. Uma delas, colocada diante do templo de Quirino, trazia a inscrição "ao deus invicto". O mês de *quinctilis* tornou-se *julius* (daí o nosso mês de julho). César recebeu também um assento de ouro, em substituição à habitual cadeira curul. Em 44, César passou a ser *dictator perpetuus*, "ditador vitalício". O Senado decretou da mesma forma que um culto seria prestado a César enquanto *divus Julius*, "o divino Júlio", num novo templo. Antônio devia cumprir a função de sacerdote desse culto, ou *flamen*. Por ocasião de sua morte, o ditador seria inumado no interior do limite sagrado da cidade. Embora a divinização de César não fosse completa antes dos Idos de março, o processo já estava em curso. A autocracia cesariana adquiria o caráter de monarquia helenística.

O ditador recusou, porém, o título de rei, quando Antônio lhe ofereceu o diadema "em nome do povo", durante as festas Lupercais de fevereiro de 44. Os historiadores discutem ainda o sentido desse gesto. Recusou César o diadema por convicção ou por considerar que o momento ainda não havia chegado? Talvez ele esperasse o resultado da grande campanha que projetava contra os partos. Então, como um novo Alexandre, poderia assumir, sem escrúpulos nem reserva, a realeza de direito divino, de tipo helenístico.

Teve Cleópatra influência sobre os projetos de César? Considerava César a possibilidade de desposar a rainha e de fazer Cesário o herdeiro de um vasto império, reunindo a Europa e a Ásia? É possível pensar que a presença de Cleópatra em Roma e o reconhecimento de Cesário pelo ditador tivessem por finalidade preparar os espíritos para o estabelecimento dessa grande monarquia.

Mas César morre, assassinado, em 15 de março de 44 (Idos de março), levando para a morte o segredo de seus projetos. Tentar reconstituir o conteúdo desses projetos pertence à ficção, não à história. Observemos, no entanto, que a revelação do testamento do ditador, alguns dias após sua morte, não dá margem a tais conjeturas. Nenhuma menção era feita nem a Cesário, nem a Cleópatra. Otávio é quem devia recolher a herança do seu tio e pai adotivo. Quanto a saber se era um testamento incompleto e se César projetava modificar seu conteúdo, a questão permanece aberta.

Cleópatra deixou Roma com o filho pouco depois dos Idos de março. No mesmo momento, o herdeiro designado, Otávio, partindo da Ilíria, onde se encontrava, tomava o caminho de Roma.

Capítulo IV
Cleópatra e Antônio

I. A atitude de Cleópatra durante a guerra civil (44-42)

O jovem rei Ptolomeu XIV, com quinze anos de idade, desapareceu pouco depois de seu retorno de Roma. É provável, como nos informam Flávio Josefo e Porfírio, que a rainha tenha eliminado seu jovem irmão. Soberano puramente nominal, ele não representava nenhum perigo verdadeiro para Cleópatra. Contudo, era um obstáculo inútil à promoção do jovem Cesário como rei do Egito. A rainha quis, o mais depressa possível, fazer do filho de César o novo soberano. Com três anos de idade, Ptolomeu XV César subiu ao trono ao lado da mãe, que devia exercer a regência até a maioridade do filho. Numa placa do museu de Turim, datando provavelmente de 43-42, o rei é dito *Philopator* ("que-ama-seu-pai") e *Philometor* ("que-ama-sua-mãe"). Os dois epítetos não eram muito originais, mas tinham o interesse de lembrar a dupla origem do novo soberano, greco-egípcio por parte de mãe, romano por parte de pai.

Na Itália, Antônio, Otávio e Lépido fizeram, em 43, contra os assassinos de César, um pacto pela "reorganização da República", chamado "segundo triunvirato". Por prudência, Cleópatra permaneceu inativa durante a guerra civil que opôs os triúnviros às forças comandadas por Bruto e Cássio. Era de se esperar que a rainha defendesse a causa de César, mas o realismo político e os interesses do reino prevaleceram sobre qualquer forma de sentimentos. Cleópatra esperou para ver quem seria o vencedor.

Dolabella, que representava o partido cesariano no Oriente, pediu à rainha que lhe enviasse as legiões deixadas por César no Egito. As tropas saíram de Alexandria, mas se aliaram ao exército de Cássio. Este ordenou a Cleópatra que pusesse à sua disposição a frota egípcia. A rainha se recusou. No entanto, o governador lágida do Chipre, Serapião, entregou a Cássio as embarcações que estavam ancoradas nos portos da ilha. Dolabella foi vencido em Laodicéia, na Síria, e suicidou-se.

Mas a fortuna não sorriu por muito tempo aos assassinos de César. No outono de 42, vencidos por Antônio e Otávio em Filipos, na Macedônia, Bruto e Cássio também acabaram por se suicidar.

II. O encontro de Tarso: Afrodite e Dioniso (41)

Depois de Filipos, os triúnviros dividiram entre si o império: Otávio ficou com o Ocidente, e a Antônio coube ser o novo senhor do Oriente. Quanto a Lépido, foi afastado da partilha sob pretexto de conluio com Sexto Pompeu, filho do grande Pompeu.

Antônio confiou a defesa de seus interesses na Itália à sua mulher, Fúlvia, e a seu irmão, Lúcio. Partiu, em seguida, para Atenas, onde se proclamou filo-heleno e protetor dos atenienses. Algum tempo mais tarde, fez uma entrada um tanto significativa em Éfeso. "Ele entrou", diz-nos Plutarco (*Vida de Antônio*), "precedido por jovens vestidas de Bacantes e por rapazes como Pãs e Sátiros. Por toda a cidade, viam-se apenas tirsos coroados de hera. Só se ouvia o som de flautas, pífaros e outros instrumentos. Antônio era chamado de Dioniso benfeitor e cheio de doçura."

A acreditar em Plutarco, o triúnviro teria se comportado como um verdadeiro monarca oriental. Sua entrada em Éfeso lembra as grandiosas manifestações de propaganda organizadas pelas monarquias helenísticas. Pelo brilho da encenação, o poder afirmava sua força. A associação do rei, ou do *imperator* neste caso, a Dioniso é uma característica da ideologia das monarquias macedônias, herdeiras de Alexandre Magno no Oriente.

No entanto, se Antônio entrava em Éfeso, não era para libertar a cidade, como havia feito Alexandre, mas para receber o tributo dos povos da Ásia Menor. Ele recolheu somas consideráveis e destacou-se por seus excessos. Os efésios passaram a chamá-lo, por ironia, *Omestés* e *Agrionien*, dois epítetos que faziam referência à selvageria de Dioniso.

Em 41, ao tomar o caminho da Síria, Antônio enviou a Alexandria seu mensageiro Quinto Délio, portador de uma carta a Cleópatra. O triúnviro convocava a rainha a Tarso, na Cilícia [sudeste da atual Turquia]. Sem dúvida ele tinha a intenção de pedir-lhe satisfações a propósito de sua passividade durante a guerra e do apoio oferecido a Cássio pelas legiões de Alexandria e pela frota do Chipre. A rainha se achava numa posição relativamente delicada. Antônio, se quisesse, podia a qualquer momento despojá-la do reino. Cleópatra tomou então o partido de fazer-se esperar. Uma partida imediata a Tarso teria sido interpretada como reconhecimento de sua culpa. "Uma atrás da outra, ela recebia cartas de Antônio e de seus amigos que a pressionavam a apressar sua partida, mas não as levou em consideração e zombou de todas essas convocações" (Plutarco).

Cleópatra decidiu por fim deixar Alexandria, cercada de um luxo inusitado. Ao chegar à Cilícia, seu barco subiu o curso do Cidno, o rio que banha Tarso. A cena, que marcou duradouramente os espíritos, nos é relatada por Plutarco. "Ela navegou com tranqüilidade pelo Cidno, num navio cuja popa era de ouro, com velas de púrpura e remos de prata. O movimento dos remos era cadenciado ao som das flautas, que se combinava ao dos pífaros e das liras. Ela mesma, magnificamente enfeitada, como numa pintura de Afrodite, estava recostada num pavilhão tecido de ouro. Jovens, vestidos como os pintores costumam representar os Amores, estavam a seu lado com leques, para refrescá-la. As mulheres, todas muito belas e vestidas como Nereidas e Cárites (as Graças dos latinos), estavam umas no leme, outras nos cordames. Às margens do rio, repletas de uma multidão imensa que acompanhava a rainha, chegava o perfume de aromatizantes que ardiam na embarcação. A cidade inteira acorreu para contemplar esse espetáculo extraordinário. Todo o povo, que estava na praça pública, saiu ao encontro dela. A tal ponto que Antônio, ocupado em administrar a justiça, ficou sozinho. E espalhou-se o boato de que Afrodite, para a felicidade da Ásia, vinha se divertir na casa de Dioniso."

A encenação do Cidno era uma resposta brilhante à entrada de Antônio em Tarso. Tudo foi calculado e tinha uma significação precisa: Cleópatra, ao identificar-se a Afrodite, lembrava que ela era uma encarnação divina para os seus súditos, mas também que o próprio César a associara ao culto de Vênus *Genitrix* em Roma. A adulação também fazia parte do espetáculo. Ao considerar Antônio como o novo Dioniso, ao qual ele se identificara em Éfeso, a rainha e deusa propunha ao novo senhor do Oriente um *hiéros gamos*, uma "união sagrada" a exemplo dos casamentos divinos. A expressão "para a salvação da Ásia" contém todo um programa político: o novo casal divino devia se associar para dominar o Oriente.

Segundo os autores antigos, Antônio foi seduzido pela rainha, que se tornou sua amante. "Completamente apaixonado pela Cleópatra que viu na Cilícia", escreve Díon Cássio, "ele não teve mais nenhum cuidado com sua honra e tornou-se escravo da egípcia, pelo amor da qual consagrou seu tempo." Ele se deixou "cair na armadilha" (Plutarco), subjugado pelo que representava a rainha, cujo prestígio ainda não fora maculado pela propaganda de Otávio. Cleópatra, que era chamada "a rainha" (Cícero, *Ad Atticum* XV, 15), aparecia como a última herdeira de Alexandre Magno e como a depositária da cultura grega do Oriente. Ademais, havia sido a amante de César. Embora senhor absoluto do Oriente romano, Antônio só pôde sentir-se lisonjeado pela união que Cleópatra lhe propunha. Provavelmente, não há motivo para pôr em dúvida o profundo fascínio que, a acreditar nos autores antigos, Cleópatra exerceu sobre o espírito do triúnviro. Esse fascínio, aliás, não se opunha de modo algum, pelo menos no início, aos interesses e cálculos políticos de Antônio. Ainda que a união de Antônio e Cleópatra fosse vantajosa principalmente para a rainha, ela não oferecia nenhuma desvantagem para Antônio, cujo carisma no Oriente só podia crescer com isso.

Segundo Apiano, Antônio teria aceito, sem insistir mais, as explicações dadas por Cleópatra a respeito de sua passividade durante a guerra: ela tentara intervir, mas sua frota, surpreendida por uma tempestade, teve de voltar ao porto, no momento em que ela mesma adoecia!

A rainha logo viu o triúnviro satisfazer seus principais pedidos. "Ela obteve de Antônio fazer matar sua irmã Arsínoe" (Flávio Josefo), que César exilara em Éfeso após seu triunfo em 46. Assim, dos cinco filhos de Aulete, agora só restava Cleópatra. Além disso, Antônio confirmou a restituição do Chipre ao Egito, concedida por César em 47. Mas Serapião, o governador da ilha, que não se opusera a Cássio, foi eliminado. Cleópatra obteve em Tarso, portanto, uma grande vitória diplomática: afastou todo perigo e viu seu trono consolidado. Ela voltou a Alexandria, onde Antônio foi encontrá-la após resolver os assuntos da Síria e da Palestina.

Plutarco nos oferece uma viva evocação do inverno de 41-40, passado pelos amantes em Alexandria. "Antônio (...) deixou-se arrastar por Cleópatra a Alexandria, onde consumiu na ociosidade, nos prazeres, nas volúpias indignas de sua idade, a coisa mais preciosa do homem, segundo Antífon[13]: o tempo. Eles formaram uma associação sob o nome de *Amimetobies* ('os que levam uma vida inimitável') e viviam diariamente numa profusão que excedia todos os limites." E Cleópatra "sempre sabia imaginar algum novo prazer, alguma nova gentileza para divertir Antônio. Não o deixava nem de dia nem de noite. Jogava, bebia, caçava com ele e assistia mesmo a seus exercícios militares. À noite, quando ele percorria as ruas e parava diante das portas e janelas dos habitantes para lhes lançar algum insulto, ela o acompanhava disfarçada de serva, pois ele mesmo se disfarçava de criado, o que lhe valia, com freqüência, injúrias e até mesmo golpes."

---

13. Orador ateniense, século V a.C.

III. Cleópatra sozinha (40-37)

Quando o triúnviro se achava em Alexandria, surgiu um conflito na Itália entre Otávio e os representantes de Antônio: sua mulher, Fúlvia, e seu irmão, Lúcio. Este foi vencido em Perúsia, mas Otávio poupou-lhe a vida.

Na primavera de 40, os partos, comandados por Pácoro, filho do rei Orodes II, atacaram a Síria e a Ásia Menor. Obtiveram um certo número de vitórias que obrigaram Antônio a abandonar o Egito. Ao chegar a Atenas, ele se encontrou com sua mulher, Fúlvia, que morreu algum tempo depois. Essa morte facilitou a reconciliação entre os triúnviros, que fizeram um acordo em Bríndisi, na Itália meridional. Otávio continuava senhor da Europa, da Ilíria à Espanha, enquanto Antônio conservava a Grécia, a Ásia, a Síria e a Cirenaica. Lépido, não incluído na partilha de 42, mas depois reconciliado com Otávio, recebeu a África. Antônio decide então ir a Roma para desposar Otávia, irmã mais moça de Otávio. Esse casamento devia concretizar, como uma prova de paz, a reconciliação entre os triúnviros.

Antônio ficou na Itália até o final do ano 39, enquanto seus representantes rechaçavam a ameaça dos partos no Oriente. Depois, foi para Atenas com Otávia e lá ficou durante quase três anos.

Cleópatra, portanto, era novamente mantida à parte das decisões políticas dos poderosos do momento e reinava sozinha em Alexandria com o pequeno Cesário. O período de 40 a 37 foi para ela uma espécie de "travessia do deserto", comparável aos anos 44-42, embora seu trono não estivesse mais a perigo, como após os Idos de março. Pouco depois da partida de Antônio, a rainha deu à luz gêmeos: um menino que foi chamado Alexandre, em honra do conquistador e fundador de Alexandria, e uma menina chamada Cleópatra, como a mãe. Eles foram associados ao Sol e à Lua, *Helios* e *Selene*, os gêmeos carregados por Leto.[14]

---

14. Uma das esposas de Zeus, anterior a Hera. Os romanos chamaram-na Latona. É a deusa que preside os nascimentos dos homens.

IV. Antônio e Cleópatra na Síria
(inverno de 37-36)

De volta à Itália, em 37, Antônio encontrou-se com Otávio. O triunvirato foi renovado por uma duração de cinco anos. A seguir, Antônio retomou o caminho do Oriente a fim de preparar a grande expedição contra os partos. Da Grécia, reenviou sua esposa, Otávia, a Roma, sob pretexto de que queria deixá-la em segurança durante a guerra. O triúnviro também mandou uma mensagem a Cleópatra: pedia à rainha para dar-lhe o apoio do Egito em sua próxima expedição e para que ela fosse a seu encontro na Síria. Assim como fizera no encontro de Tarso, em 41, Cleópatra reuniu-se com o triúnviro em Antioquia [Turquia asiática], no final do ano 37.

Da relação dos dois nasceu, em 36, um terceiro filho que foi chamado Ptolomeu e cognominado Filadelfo. O epíteto realçava a suposta afeição da criança por seus irmãos mais velhos, Alexandre-Hélio e Cleópatra-Selene, mas era também uma referência aos antepassados da dinastia lagida, Ptolomeu II e Arsínoe II.

Segundo Flávio Josefo (*Antigüidades judaicas*), Antônio voltou a sentir sua antiga paixão pela rainha. "Era como se ela o tivesse enfeitiçado (...) Ele era escravo de uma mulher." Cleópatra teria aproveitado seu poder sobre o espírito do triúnviro para fazer-se atribuir as riquezas do Oriente e alguns territórios que, no passado, fizeram parte do império dos ptolomeus. "Tudo era tumulto na Síria", diz Flávio Josefo, "por causa da insaciável cobiça de Cleópatra, que abusava do poder que tinha sobre o espírito de Antônio e não cessava de instigá-lo contra os poderosos da região para confiscar-lhes os Estados e cedê-los a ela. (...) Todos os tesouros da terra não teriam sido suficientes para satisfazer essa rainha suntuosa e voluptuosa. Portanto, não surpreende que ela pressionasse constantemente Antônio a despojar os outros a fim de enriquecê-la. Assim que entrou na Síria com ele, ela se perguntou como poderia se apropriar dessa região. (...) Pressionava Antônio a retirar a Arábia (o reino de Petra) e a

Judéia de seus reis e entregá-los a ela. (...) Para não zangá-la recusando esses pedidos, embora evitasse passar por injusto ao conceder o que ela queria, ele lhe ofereceu os territórios dessas duas províncias e todas as cidades situadas entre o [rio] Elêuteras e o Egito, exceto Tiro e Sídon."

A Fenícia voltava assim a pertencer ao Egito. Cleópatra anexou da mesma forma o pequeno reino sírio de Calce, cujo rei ela fez ser acusado de traição para livrar-se dele. Graças à diplomacia da rainha, Alexandria, aparentemente, retomava seu glorioso passado de grande potência dominadora do Mediterrâneo oriental. Após a humilhação sofrida no reinado de Aulete, o Egito lagida parecia viver um verdadeiro renascimento. Mas há que se reconhecer que esse último esplendor, em grande parte ilusório e artificial, era apenas a conseqüência da boa vontade de Antônio, não o resultado de conquistas militares da parte do Egito. O império que Cleópatra edificou foi inteiramente conquistado por sua diplomacia e sua sedução.

As concessões do triúnviro não deixaram de suscitar a indignação de Roma. É o que parece indicar o tom extremamente polêmico de Flávio Josefo. Plutarco (*Vida de Antônio*) igualmente nos mostra o triúnviro se tornando cada vez mais odioso aos olhos da opinião pública romana. Na verdade, o caráter escandaloso da ligação entre Antônio e Cleópatra foi muito cedo explorado e, sem dúvida alguma, exagerado em Roma pela propaganda de Otávio. Ele devia estar consciente, já em 37, de que o conflito com Antônio era inevitável. Assim, passou a utilizar todos os atos e gestos de Antônio para mostrar o quanto o triúnviro encarregado do Oriente conduzia uma política contrária aos interesses de Roma. Antônio esquecia-se de sua pátria nos braços da "egípcia", pela qual sentia uma paixão cega. Flávio Josefo, Plutarco, Díon Cássio e a tradição antiga são, em grande parte, tributários dessa visão negativa que se impôs duradouramente após a vitória de Otávio.

Na realidade, a traição de Antônio não foi tão manifesta quanto a propaganda otaviana queria fazer acreditar. Mesmo reconhecendo como seus filhos Alexandre-Hélio, Cleópatra-Selene e Ptolomeu Filadelfo, Antônio não desposou

Cleópatra. Nesse ponto, não agiu diferente de Júlio César, que reconheceu Cesário. Além disso, embora seu comportamento, muitas vezes, se assemelhasse ao de um monarca helenístico, Antônio, como César, oficialmente nunca adotou o título real.

As moedas cunhadas em Antioquia às margens do Oronte e nas oficinas orientais são bastante eloqüentes a esse respeito (ver cap. VI, IV). O busto de Antônio aparece no anverso, enquanto Cleópatra é representada no reverso. Mas somente a rainha porta um diadema; Antônio tem sempre a cabeça descoberta. Por outro lado, ele é designado apenas por seus títulos de triúnviro e de *autokrator*, equivalente grego de *imperator*. Em nenhuma parte ele é dito *basileus*, ou rei.

Quanto à cessão de territórios a Cleópatra, não diminuía em nada o poderio romano no Oriente. A rainha era aliada de Roma e seu reino continuava sendo um Estado vassalo, embora fosse tratado com muito mais consideração do que sob o reinado de Aulete. O Egito havia se tornado, de certo modo, um protetorado romano privilegiado.

Aliás, Flávio Josefo reconhece que Antônio não atendeu a todas as intrigas de Cleópatra. Não despojou de seus reinos nem Malco, rei dos árabes de Petra, nem Herodes, a quem permitiu adotar o título de rei dos judeus, em 37.

V. A expedição contra os partos (36)

Na primavera de 36, teve início a grande expedição que Antônio, retomando o projeto de César, devia conduzir contra os partos. O exército do triúnviro era considerável, composto de cerca de cem mil homens, dos quais sessenta mil eram legionários romanos. O rei da Armênia, Artavasdes II, forneceu aos romanos, seus aliados, vários milhares de cavaleiros. "Um exército tão poderoso", escreve Plutarco, "que tais preparativos amedrontaram até os indianos que vivem para além da Bactriana[15] e fizeram tremer a Ásia."

---
15. Região atualmente compreendida entre o Turquestão e o Irã.

A rainha acompanhou Antônio até Zeugma, às margens do Eufrates, e, depois, retornou ao Egito, passando pela Judéia. Herodes, sabendo que Cleópatra fazia intrigas contra ele, a recebeu "com grande honra" (Flávio Josefo). Um acordo foi selado entre os dois soberanos: Cleópatra deixava ao rei o domínio de Jericó, que Antônio lhe atribuíra, em troca de um tributo anual de duzentos talentos. Herodes acompanhou a rainha até a fronteira do Egito.

Antônio, impaciente para entrar em combate, dividiu seu exército. Deixando atrás as pesadas maquinarias de cerco, avançou em marchas forçadas até Fraaspa, cidade da Média [antiga região da Pérsia], onde o esperava o rei parto Fraates IV. O cerco de Fraaspa acabou sendo para Antônio um fracasso, seguido de uma retirada com muitas perdas humanas. Para o cúmulo da infelicidade, Artavasdes traiu os romanos.

De volta à Síria, o exército se achava num estado lamentável. Antônio, sem dinheiro para pagar os soldados, precisou impor novos tributos. Cleópatra veio em socorro do triúnviro e o encontrou em Leuconoma, na Fenícia, trazendo roupas e dinheiro para satisfazer o exército.

Otávia também tomou o caminho do Oriente, levando tropas e víveres para Antônio. Mas ele ordenou à esposa que o esperasse em Atenas e lhe informou que projetava uma segunda expedição contra os partos.

Segundo a tradição antiga, Antônio teria por um momento hesitado entre as duas mulheres. "Cleópatra", escreve Plutarco, "sentiu que Otávia vinha disputar com ela o coração de Antônio; e, temendo que uma mulher tão estimável pela dignidade de seus costumes (...) não precisasse empregar por muito tempo junto ao marido os encantos da conversação e o atrativo das carícias para exercer sobre ele uma influência invencível e possuir completamente seu coração, ela fingiu ter por Antônio a paixão mais violenta. Atenta em ser vista seguidamente em lágrimas, ela se apressava em enxugá-las e escondê-las, como para furtá-las a Antônio." Cleópatra acabou por arrebatá-lo. Antônio retornou com ela a Alexandria, sem voltar a ver Otávia. Renunciou também à segunda expedição contra os partos, que adiou para a primavera de 34.

VI. O triunfo armênio e a cerimônia do Ginásio (34)

A segunda expedição de Antônio ao Oriente não foi dirigida contra os partos. O triúnviro, que precisava de um sucesso fácil para recuperar o prestígio, atacou a Armênia cuja traição, em 36, oferecia um excelente pretexto. O reino, que não tinha condições de resistir, foi entregue à pilhagem das legiões romanas. O *imperator* voltou a Alexandria carregado de tesouros. Trazia também como prisioneiros o rei Artavasdes e sua família.

Díon Cássio descreve o retorno triunfal do triúnviro: "Antônio voltou ao Egito com um imenso butim, juntamente com o rei da Armênia, sua mulher e seus filhos. Enviou-os a Alexandria com os outros prisioneiros para antecedê-lo num cortejo triunfal, ele próprio entrando em seu carro. Ofereceu a Cleópatra todo o butim e apresentou-lhe o rei da Armênia e sua família encadeados em correntes de ouro. Ela se mantinha sentada no meio da multidão numa tribuna revestida de prata e num assento coberto de ouro". O historiador conta que Artavasdes e sua família recusaram-se, orgulhosamente, a se prosternar diante da rainha. Cleópatra vingou-se dessa ofensa, no ano 30, após a derrota de Áccio, fazendo decapitar o rei.

O triunfo armênio de Antônio foi considerado, em Roma, como um verdadeiro escândalo e foi muito explorado pela propaganda de Otávio. Jamais um *imperator* havia ousado preferir uma outra cidade, além de Roma, para nela desfilar seu triunfo. Assim, não era mais apenas Otávia, era Roma inteira que o triúnviro traía nos braços da rainha do Egito, vista como a antítese da Itália.

Um segunda cerimônia teve lugar, alguns dias depois, no Ginásio de Alexandria. A encenação era grandiosa. "Antônio", diz-nos Plutarco, "fez erguer, numa tribuna de prata, dois tronos de ouro, um para ele próprio e outro para Cleópatra."

O significado da cerimônia era o seguinte: tratava-se do ato de fundação simbólica de um novo império que a rainha e seus filhos deviam partilhar. Segundo Plutarco,

Antônio "declarou Cleópatra rainha do Egito, do Chipre, da África e da Coele-Síria, e lhe deu por colega Cesário". Díon Cássio acrescenta que Cleópatra foi também chamada "rainha dos reis" e Cesário "rei dos reis". Desde o ano 44, Ptolomeu XV César era rei sob a regência da mãe. A partir de 34, a rainha e seu filho formaram um novo casal real, um casal mãe-filho. Mas Cesário era, igualmente, uma arma dirigida contra Otávio, pois Antônio dizia que "Cleópatra era realmente a esposa; e Cesário, o filho do primeiro César (Júlio César). Fingia agir assim por respeito a César, a fim de criticar o fato de César Otaviano (Otávio) ser o filho de César por adoção, não de sangue". Rival de Otávio, Cesário tinha, portanto, direito de reclamar um dia, em Roma, a herança paterna. Além disso, por sua dupla origem, ele parecia qualificado para reinar sobre o Oriente e o Ocidente reunidos. Nele convergiam as heranças da Grécia, do Egito e de Roma. Aliás, o título de "rei dos reis" parece corresponder, na ótica de Antônio e de Cleópatra, ao significado que terá mais tarde a palavra "imperador". Cesário deveria reinar sobre reis que deviam se submeter a ele. Tratava-se dos reis do Oriente helenístico, mas também dos filhos de Cleópatra e de Antônio, proclamados reis por ocasião da cerimônia do Ginásio.

Alexandre-Hélio recebeu a Armênia, a Média, o reino dos partos e "as outras regiões do Eufrates até a Índia" (Díon Cássio). Em realidade, era um verdadeiro programa de conquistas destinado a reconstituir o império de Alexandre Magno. Entre os territórios atribuídos a Alexandre-Hélio, somente a Armênia já havia sido conquistada. Pouco tempo depois da cerimônia, Antônio fez uma aliança com o rei dos medos [habitantes da Média] cuja filha, Jotapa, devia desposar Hélio.

Ptolomeu Filadelfo recebeu a Fenícia, a Síria, a Cilícia e "todas as regiões do Eufrates ao Helesponto"[16] (Díon Cássio). Finalmente, Cleópatra-Selene ficou com a Cirenaica.

---

16. Nome antigo do estreito de Dardanelos.

Convém observar que Antônio não passou a usar o diadema. Numa moeda de prata cunhada no ano 34, numa oficina oriental não localizada, o *imperator* continua sendo representado com a cabeça descoberta, enquanto Cleópatra é dita "rainha dos reis", como por ocasião da cerimônia do Ginásio (ver cap. VI, IV).

Plutarco conta que os soberanos usavam roupas que simbolizavam os territórios que lhes haviam sido atribuídos.

Alexandre-Hélio estava "vestido com um traje medo" e tinha na cabeça uma "tiara pontiaguda", também chamada *citaris*, "trajes dos reis medos e armênios".

Ptolomeu Filadelfo, com apenas dois anos de idade, usava o tradicional chapéu da Macedônia, *kausia*, ornado pelo diadema real (*kausia diadematophoros*). Também vestia o manto militar dos macedônios, *chlamyde*, outrora usado por Alexandre Magno, e trazia nos pés pequenas botas militares providas de laços, ou *krepidés*.

Quanto à rainha, estava vestida à egípcia, como na representação da deusa Ísis, isto é, ornada de uma longa túnica com franjas, atada entre os seios (nó isíaco), e tendo na cabeça uma peruca coberta pela pesada coifa da deusa. Aliás, em 34, ela adotou as epicleses *nea Isis* ("nova Ísis") e *thea neotera* ("deusa renovada"), que substituíram o epíteto *thea philopator* ("deusa que ama-seu-pai") usado desde 51. "E, desde então", diz Plutarco, "Cleópatra não apareceu mais em público senão com o traje consagrado a Ísis e deu suas audiências ao povo sob o nome de 'nova Ísis'."

VII. A declaração de guerra: Roma contra o Oriente

O confronto entre Otávio e Antônio havia se tornado inevitável. Em 34, Otávio passou à ofensiva. "Acusando, com freqüência, Antônio nas assembléias do povo, fez dele o objeto do ódio universal" (Plutarco). Por seu lado, Antônio enviou a Roma alguns de seus partidários a fim de o defenderem e de lançarem, também, acusações contra Otávio. A guerra das propagandas rapidamente se intensificou.

Durante o inverno de 33-32, Antônio concentrou suas tropas em Éfeso. Cleópatra pôs à disposição dele duzentos navios e dinheiro para a manutenção do exército. Reis do Oriente também vieram apoiar Antônio. Plutarco nos descreve a composição das forças militares montadas pelo triúnviro. "Antônio dispunha de nada menos que quinhentos navios, entre os quais vários de oito a dez fileiras de remadores (...) O exército contava com uma infantaria de duzentos mil homens e doze mil cavaleiros. Tinha sob suas ordens vários reis, seus aliados (...) Reis que não puderam comparecer pessoalmente enviaram seus exércitos: é o caso de Pólemon, rei do Ponto, Malco, rei dos árabes, Herodes, rei dos judeus (...) O próprio rei dos medos enviou a Antônio um reforço considerável."

Um certo número de senadores, partidários de Antônio, também deixaram Roma e foram para Éfeso. Entre eles, estava Domício Aenobarbo que, revoltado pela presença de Cleópatra nas reuniões militares, pediu a Antônio para enviá-la de volta a Alexandria. Inicialmente, o triúnviro aceitou, mas voltou atrás após a intervenção de Canídio Crasso, um de seus amigos, que a rainha havia comprado com seu ouro. Os amantes se reconciliaram.

Na primavera de 32, eles foram a Samos, depois a Atenas, onde retomaram seu estilo de vida, com festas, gastos suntuosos e extravagâncias diversas. Ao mesmo tempo, Antônio enviava a Roma emissários portadores de uma carta pela qual repudiava sua esposa Otávia, ordenando a ela que deixasse o domicílio conjugal.

Embora sua irmã sofresse a humilhação, Otávio deve ter ficado satisfeito com esse divórcio que prova a veracidade das acusações dirigidas contra Antônio. A partir de então, era evidente que "perdera a razão, enfeitiçado pelos filtros que Cleópatra o fizera beber" (Plutarco).

Em Roma, as acusações se intensificaram, orquestradas por Calvísio Sabino, um amigo de Otávio. Segundo Plutarco, ele "acusou Antônio de ter dado a Cleópatra a biblioteca de Pérgamo [atual Bérgamo, na Ásia Menor], composta de duzentos mil volumes; de ter se levantado da mesa num banquete e de ter desacatado Cleópatra em presença dos convivas, que eram muitos, num sinal convencionado entre eles para um encontro amoroso; de ter admitido que os efésios chamassem Cleópatra sua soberana; de ter várias vezes, durante audiências dadas aos reis e tetrarcas, recebido dela, em tabuletas de cristal e de cornalina, bilhetes de amor, e de tê-los lido sem pudor. Disse ainda que Fúrnio, homem de grande dignidade e o mais eloqüente dos romanos de nosso tempo, argumentava diante dele, quando Cleópatra se aproximou e passou numa liteira. Assim que Antônio a viu, ele abandonou a audiência e acompanhou-a junto à liteira. Mas suspeitou-se que Calvísio tivesse inventado a maior parte dessas acusações".

Dois amigos de Antônio, Tício e Planco, exasperados com a presença de Cleópatra no meio do exército, o traíram e passaram para o lado de Otávio. Eles revelaram a este último a existência de um testamento de Antônio, depositado no templo de Vesta, em Roma. Otávio apoderou-se desse documento e o entregou ao Senado. De início, revoltados com o gesto ímpio de Otávio, os senadores protestaram, mas não interromperam a leitura do testamento. Assim, foram reveladas as últimas vontades de Antônio. "Antônio queria que seu corpo, caso morresse em Roma, fosse levado em pompa através do Fórum, depois transportado a Alexandria e entregue a Cleópatra" (Plutarco). "Ele afirmava sob juramento que Cesário era de fato o filho de César e fazia doações consideráveis aos filhos que a egípcia teve com ele" (Díon Cássio).

Embora condenável do ponto de vista da tradição religiosa, a violação do testamento de Antônio veio justificar as acusações de Otávio: Antônio, enfeitiçado pela rainha do Egito, renegara para sempre a pátria. "Com isso", escreve Díon Cássio, "os romanos acreditaram que, (...) se Antônio fosse vencedor, ele daria Roma de presente a Cleópatra e deslocaria para o Egito o centro do poder." Otávio podia apresentar-se como o defensor e o paladino de Roma, ameaçada pelo Oriente corruptor. Ele deu prova de grande habilidade ao fazer decretar, pelo Senado, guerra apenas contra Cleópatra, não contra o triúnviro. Contentou-se em "revogar o poder de Antônio", diz-nos Plutarco, "poder que ele mesmo abdicara às mãos de uma mulher." Desse modo, "os romanos não teriam que combater contra Antônio, mas contra o eunuco Márdio, contra Fotino, Iras, a cabeleireira de Cleópatra, e Charmian, que conduziam as mais importantes questões do império".

Assim, Otávio conseguiu fazer esquecer, na Itália, que o conflito em preparação seria, em realidade, uma nova guerra civil entre dois partidos romanos. Toda a obra de sua propaganda e de suas campanhas de calúnias foi impor, além do desprezo ao Egito, uma visão redutora e simplista da guerra. Seria Roma contra o Oriente, a razão contra a paixão, as virtudes masculinas dos antigos romanos contra a feminilidade corrupta de Cleópatra.

VIII. Áccio (2 de setembro de 31)

Antônio instalou seu quartel-general em Patras, na costa do Peloponeso, e reuniu sua frota no golfo de Ambrácia, a noroeste da Grécia. Tomando a iniciativa das operações, Otávio e Agripa, que comandava a frota, conseguiram bloquear a entrada do golfo e encurralar a frota de Antônio. O bloqueio, somado a algumas operações destinadas a cortar o abastecimento das tropas, ocasionou várias deserções, entre elas a de Domício Aenobarbo. Era preciso a todo custo furar o bloqueio.

Em 2 de setembro de 31, Antônio fez avançar sua frota em ordem de batalha. Cleópatra e os sessenta navios egípcios de sua esquadra se achavam na segunda linha. O combate começou diante do promontório de Áccio, que deu seu nome à batalha. Aproveitando uma brecha formada na frota inimiga, Cleópatra apressou-se em deixar o combate com seus navios, tomando o rumo de Lêucade, a sudoeste de Áccio. Antônio subiu num navio de cinco fileiras de remadores e seguiu a rainha, levando provavelmente consigo alguns de seus navios.

Muitos se perguntaram que significado se deve dar a essa fuga. Plutarco viu apenas traição: "Dominado por uma mulher, como se estivesse colado a ela e obrigado a acompanhar todos os seus movimentos, bastou-lhe ver o barco de

Cleópatra abrir suas velas para que esquecesse, abandonasse e traísse os que combatiam e morriam por ele; subiu numa galera de cinco fileiras de remadores (...) e seguiu aquela que se perdia e que logo faria ele mesmo se perder". Essa visão da batalha é, em grande parte, tributária da propaganda otaviana, que apresenta Antônio como um covarde e um perfeito irresponsável (ver M. Roddaz, "La bataille d'Actium", *Égypte romaine*, Marselha, 1997, p. 20-21). Na verdade, a fuga foi provavelmente decidida antes da batalha. O plano de Antônio consistia em forçar o bloqueio para voltar a Alexandria com o maior número possível de navios. Em parte, ele foi bem-sucedido: seus adversários não conseguiram se apoderar dele nem da rainha.

Mais do que a batalha, propriamente, as conseqüências do Áccio é que foram desastrosas para Antônio e Cleópatra. Otávio, claro, não deixou de espalhar a notícia do "abandono" de suas tropas pelo triúnviro. Sete dias depois de Áccio, o exército de terra intato, que Antônio deixara sob o comando de Canídio Crasso, entregou-se espontaneamente a Otávio.

Antônio e a rainha atravessaram o Mediterrâneo até Paretônio, porto situado a oeste de Alexandria, em direção à Líbia. Lá, Antônio soube da deserção das quatro legiões da Cirenaica, comandadas por Pinário Escarpo, que se rendeu sem resistência a Galo, o representante de Otávio na África. Logo em seguida, Quinto Dídio, governador da Síria, e o rei Herodes também traíram Antônio. O cerco se fechava, portanto, em volta de Alexandria.

O relativo sucesso militar obtido por Otávio no Áccio, amplificado por uma hábil propaganda, ocasionou o isolamento progressivo de Antônio e de Cleópatra.

Capítulo V
A morte de Antônio e de Cleópatra

I. O último inverno em Alexandria (31-30)

Diante de todas essas defecções, a tradição antiga conta que Antônio tornou-se misantropo. Mandou construir, no porto de Alexandria, na extremidade de um molhe, um refúgio chamado *Timonion*, a partir do nome de Tímon, um ateniense do século V que detestava o gênero humano. Esse retiro, porém, foi de curta duração. O triúnviro acabou por juntar-se à rainha, no palácio. "Assim que retornou", escreve Plutarco, "ele ofereceu a Alexandria festins e folguedos, recomeçando suas prodigalidades (...) Em toda a cidade só se viam jogos, banquetes e divertimentos."

A razão oficial dessas festividades era, provavelmente, a efebia de Cesário e de Antilo, filho que Antônio tivera com Fúlvia. De início, sob a regência da mãe, a partir de 44, Ptolomeu XV César tornara-se "rei dos reis" e, em 34, formou, com a mãe, o novo casal real. A efebia, termo tomado das instituições das antigas cidades gregas (Atenas, Tebas), tinha um significado militar. Ao alistar os dois rapazes entre os efebos que prestavam seu serviço no exército, Antônio e Cleópatra quiseram "suscitar o ardor dos egípcios, já que eles tinham, agora, um homem como rei", e fazer com que eles "resistissem, comandados por esses jovens, se um infortúnio acontecesse a seus pais" (Díon Cássio). Posteriormente, a decisão do triúnviro e da rainha foi fatal para os dois rapazes. A autoridade que a efebia lhes conferiu levou Otávio a mandar assassiná-los, após sua vitória.

Cleópatra e Antônio também criaram, em substituição à já mencionada *Amimetobies*, uma associação dos

Synapothanouménes, isto é, dos que "devem morrer juntos". A libertinagem tinha por justificativa o sentimento de que o fim estava próximo, como por ocasião da grande peste em Atenas. E, de fato, a segunda associação "não era inferior à primeira nem em devassidão, nem em luxo, nem em magnificência" (Plutarco).

A rainha e seu amante chegaram a considerar a fuga para a Arábia. Mas, instigados por Quinto Dídio, o governador da Síria que acabavam de trair, os árabes de Petra puseram fogo à frota egípcia, no mar Vermelho.

Ao mesmo tempo, houve tentativas de negociar com Otávio. Juntos, Antônio e a rainha pediram a paz. Mas a rainha também enviou uma mensagem secreta ao vencedor de Áccio. Segundo Díon Cássio, "Cleópatra enviou a Otávio, sem que Antônio soubesse, um cetro de ouro, uma coroa de ouro e o trono real, como se lhe oferecesse o poder por esses presentes, a fim de que, ainda que detestasse Antônio, tivesse piedade dela. Otávio aceitou esses presentes, que considerava um presságio, e não respondeu a Antônio. Mandou anunciar oficialmente a Cleópatra, entre outros termos ameaçadores, que, se ela renunciasse à luta e ao trono, ele decidiria o que fazer dela. Mas em segredo comunicou-lhe que, se ela eliminasse Antônio, ele lhe concederia a impunidade e conservaria o reino intato".

As promessas de Otávio eram calculadas. O futuro vencedor fazia questão de capturar sua inimiga viva, para que figurasse no seu desfile triunfal em Roma. Esperava, também, apoderar-se dos tesouros dela. Mas Cleópatra fizera construir, perto do palácio, um "túmulo de uma elevação e de uma magnificência espantosa", para onde levou "tudo o que possuía de precioso: ouro, prata, esmeraldas, pérolas, ébano e marfim" (Plutarco), e ameaçava imolar-se ali, pelo fogo, com todos os seus tesouros.

II. O suicídio de Antônio

Vindo da Síria, Otávio apoderou-se de Pelusa, que foi entregue sem resistência por seu comandante Seleuco, talvez por ordem da própria Cleópatra. É provável que a rainha, convencida de que qualquer resistência era inútil, pensasse em obter assim o perdão do vencedor.

Quando Otávio chegou diante das muralhas de Alexandria, Antônio fez uma investida e obteve um último sucesso, conseguindo pôr em fuga a cavalaria adversária. Ele queria lutar até o fim e defender a cidade, por terra e por mar. Mas a batalha de Alexandria não aconteceu. A frota de Antônio bandeou-se para o lado de Otávio, logo acompanhada pela cavalaria. A tomada de Alexandria era iminente. Cleópatra entrincheirou-se, como previsto, em seu túmulo. Otávio entrou na cidade em 1º de agosto do ano 30.

> A partir desse momento, a história de Antônio e Cleópatra, inverificável, pertence ao mito. Em nossas duas principais fontes, Plutarco e Díon Cássio, é impossível distinguir o que é verdade e o que é embelezamento literário. As passagens citadas abaixo, porém, terão uma importância considerável na elaboração do mito de Cleópatra a partir da Idade Média (ver cap. VIII).
>
> Escutemos Plutarco: "Cleópatra enviou um mensageiro a Antônio para anunciar-lhe que estava morta. Antônio, acreditando nessa notícia, diz a si mesmo: 'Que esperas tu ainda, Antônio, quando a Fortuna te arrancou o único bem que te prendia à vida?' Tendo dito essas palavras, ele entra no seu quarto, despe-se da couraça e exclama: 'Cleópatra, não me queixo de ser privado de ti, pois em breve estarei contigo. O que me aflige, tendo sido um chefe tão poderoso, é ser vencido em coragem e em magnanimidade por uma mulher'. Ora, havia perto dele um escravo fiel chamado Eros, a quem ele fizera prometer, muito tempo antes, matá-lo assim que lhe desse a ordem: ele o intimou a cumprir a promessa. O servidor saca sua espada e levanta-se como para golpeá-lo; mas, desviando o gesto, crava-a no próprio corpo e cai morto aos pés do mestre. 'Generoso Eros!' exclamou Antônio, 'por

teu exemplo, me ensinas a fazer eu mesmo o que não tiveste a força de fazer comigo.' Ao dizer essas palavras, ele enfia a espada no peito e deixa-se cair num leito. Mas o golpe não foi capaz de matá-lo instantaneamente: o sangue estancou quando estava deitado e, recuperando os sentidos, ele pediu aos que ali estavam presentes que acabassem de matá-lo, mas todos fugiram do quarto e o deixaram gritando e se debatendo, até que Cleópatra enviou Diomedes, seu secretário, para que trouxesse Antônio ao túmulo, onde ela estava.

"Quando soube que Cleópatra ainda vivia, Antônio pediu com insistência aos escravos que o carregassem até ela. Eles o carregaram nos braços até a entrada da sepultura. Cleópatra não abriu a porta, mas apareceu numa janela, de onde desceu correntes e cordas com as quais Antônio foi atado. Depois, ajudada por duas mulheres, as únicas que permitira acompanhá-la nesse lugar, ela o puxou para si. Jamais, segundo os que testemunharam essa cena, se viu um espetáculo mais digno de piedade. Antônio, banhado em sangue e apenas com um sopro de vida, era puxado para o alto, estendendo para Cleópatra mãos que desfaleciam e erguendo-se tanto quanto sua fraqueza lhe permitia. Não era fácil, para mulheres, fazê-lo subir assim: Cleópatra, com os braços rígidos e o rosto tenso, puxava as cordas com esforço, enquanto os que estavam embaixo a encorajam com gritos e a ajudavam como podiam. Depois que por fim o introduziu no túmulo e o fez deitar, ela rasgou suas roupas, chorando sobre ele. Golpeando o próprio seio e ferindo o corpo com as próprias mãos, ela enxugava o sangue que manchava o rosto de Antônio, colando o seu ao dele. Chamava-o seu senhor, seu esposo, seu chefe supremo: a compaixão pelas desgraças de Antônio quase lhe fazia esquecer as suas próprias. Antônio, depois de acalmar as lamentações de Cleópatra, pediu vinho, seja porque estivesse realmente com sede, seja porque esperava que a bebida apressasse sua morte. Tendo bebido, ele exortou Cleópatra a tomar medidas para salvar-se, desde que pudesse fazer isso sem desonra, e a confiar em Proculeio em vez de qualquer outro amigo de César (Otávio). Conjurou-a não se afligir com ele por essa última desgraça, mas a felicitá-lo pelos momentos de felicidade de que havia gozado durante a existência, por ter tido a chance de ser o mais ilustre e o mais poderoso dos homens e, principalmente, por poder glorificar-se, romano que era, de ter sido vencido apenas por um romano. E, ao dizer essas palavras, expirou."

Quando lhe anunciaram a morte do inimigo, Otávio derramou algumas lágrimas, imitando César, que havia chorado Pompeu, e Alexandre, que se lamentara sobre os restos mortais de Dario. Um terceiro conquistador vinha a pisar o solo egípcio.

III. Otávio e Cleópatra

Mas nem tudo estava terminado. Para que a vitória fosse total, era preciso que o vencedor se apoderasse da rainha viva e de seus tesouros. Otávio enviou, então, Proculeio e Galo a fim de parlamentarem com Cleópatra. Enquanto Galo conversava com a rainha, através da porta do seu túmulo, protegida por uma grade de ferro, Proculeio conseguiu penetrar por uma janela e imobilizou a rainha no momento em que esta ia golpear-se com um punhal que trazia consigo. Cleópatra era agora prisioneira de Otávio.

"Poucos dias depois", conta Plutarco, "César (Otávio) foi visitá-la, para falar com ela e consolá-la. Encontrou-a deitada num pequeno leito, numa apresentação bastante descuidada. Assim que ele entrou, ela saltou do leito, embora estivesse vestindo uma simples túnica, e correu a lançar-se a seus joelhos, com os cabelos em desalinho, as feições alteradas, a voz trêmula, os olhos vermelhos de derramar muitas lágrimas e o peito machucado pelos golpes que ela se dera. Em suma, seu corpo estava num estado tão deplorável quanto seu espírito. No entanto, sua graça natural e o orgulho que sua beleza inspirava não haviam desaparecido inteiramente e, do fundo do abatimento no qual se encontrava, emergiam traços cheios de vivacidade que se irradiavam em todos os movimentos do rosto. César a obrigou a voltar ao leito e sentou-se perto dela."

Em Díon Cássio, a cena é uma mistura de patético e comédia. "Ela havia preparado um magnífico quarto de dormir e um leito suntuoso. Vestia-se com certa negligência, e suas roupas de luto acentuavam seu encanto. Estava sentada no leito e colocara à sua frente vários retratos do pai (adotivo) de Otávio. Trazia junto ao peito todas as cartas que ele lhe enviara. Quando César (Otávio) entrou, ela se lançou em direção a ele e disse: 'Salve, senhor! Um deus te deu esse título e me privou dele. Mas tu sabes bem quantas vezes teu pai veio visitar-me, sabes quantas honrarias ele me deu, em particular ao fazer de mim a rainha do Egito. Para que ele próprio te instrua a meu respeito, toma e lê essas cartas que ele me enviou, escritas por sua própria mão'. Falou assim e citou várias palavras de amor de César. Ela se lamentava, beijava as cartas, caía de joelhos diante dos retratos e prosternava-se diante deles. Virava os olhos para César, lamentava-se melodiosamente, falava com uma voz entrecortada, dizendo: 'Que são para mim, César, essas cartas tuas?' Ou ainda: 'Mas tu vives para mim no homem que está aqui! Ah! se eu tivesse morrido antes de ti!' E depois: 'Mas é tu que retornas com o homem que está aqui!' Recorria a essas palavras e atitudes ao mesmo tempo em que olhava e dirigia-se ternamente a ele. César percebeu que ela estava muito comovida e que falava sob o domínio da paixão. Não respondeu, mas, olhando para o chão, disse apenas: 'Tem confiança e coragem, mulher, nada de mal te acontecerá'."

IV. O suicídio de Cleópatra

A rainha não tardou a compreender que, se Otávio lhe poupava a vida, era apenas para arrastá-la encadeada atrás do seu carro, no momento do desfile triunfal em Roma. Tomou então a decisão de morrer e de preparar a própria morte. Em primeiro lugar, pediu permissão para ir recolher-se junto ao túmulo de Antônio.

Plutarco nos conta o lamento de Cleópatra junto a esse túmulo. Provavelmente, trata-se apenas de um exercício literário, verdadeiro trecho de poesia dramática e patética que ilustra a paixão e a emoção da rainha.

"Querido Antônio, ela exclamou, há pouco te depus nesse último abrigo, estando ainda livre. Agora, derramo essas libações sobre teus tristes restos mortais, cativa e vigiada, pois temem que eu destrua com meus golpes e meus gemidos esse corpo reduzido à escravidão e reservado para a cerimônia na qual vão triunfar sobre ti. Não esperes mais de Cleópatra outras honrarias senão essas libações fúnebres. São as últimas que ela te oferece, pois querem arrancá-la de perto de ti. Enquanto vivemos, nada pôde nos separar um do outro. E, agora, a morte vai nos afastar, a nós dois, do lugar de nossos nascimentos. Romano, permanecerás nessa terra do Egito, enquanto eu, infeliz que sou, serei enterrada na Itália. Para mim, ainda será um grande bem ser sepultada no lugar onde nasceste. Se os deuses do teu país têm alguma força e algum poder, pois os nossos nos traíram, não abandones tua mulher viva. Não consintas que triunfem sobre ti levando a ela em triunfo. Esconde-me aqui contigo. Deixa-me partilhar teu túmulo, pois, entre os males infinitos que me oprimem, nenhum foi maior, nem mais terrível do que esse pouco tempo que tive de viver sem ti.' Depois de expressar assim seu lamento, ela coroou o túmulo de flores e o beijou."

De volta ao palácio, Cleópatra toma um último banho, depois faz servir-se uma suntuosa refeição.

"Enquanto jantava, chegou um homem do campo trazendo um cesto. Os guardas perguntaram-lhe o que trazia e esse homem descobriu o cesto, afastou as folhas, mostrando que estava cheio de figos. Como os guardas admirassem o tamanho e a beleza das frutas, o camponês, sorrindo, os convidou a se servirem. Essa franqueza afastou toda suspeita e deixaram-no entrar. Depois que Cleópatra jantou, ela pegou suas tábulas, onde escreveu uma carta, a selou e a enviou a César. A seguir, mandou sair todos os que estavam nos seus aposentos, com exceção de duas mulheres, e fechou a porta. Assim que César (Otávio) abriu a carta, as súplicas vivas e tocantes que Cleópatra lhe dirigia, pedindo-lhe para ser enterrada junto a Antônio, fizeram-no compreender do que se tratava. De início, ele mesmo quis correr ao encontro dela. Mas, em seguida, contentou-se em enviar homens até lá, a toda pressa, para ver o que acontecera. A morte de Cleópatra foi rápida, pois os homens de César, apesar da rapidez, encontraram os guardas em seus postos, ignorando completamente o que se passava. Eles abriram a porta e viram a rainha sem vida, estendida num leito de ouro e vestida com seus trajes reais. Iras, uma das mulheres que a acompanhavam, estava morta a seus pés, e a outra, Charmian, já à beira da morte e mal conseguindo suster-se, arranjava o diadema em volta da cabeça de Cleópatra. Um dos homens de César lhe falou com cólera: 'Acha que assim é mais belo, Charmian?' E ela respondeu: 'Sim, muito belo, e digno de uma mulher nascida de tantos reis.' Não disse mais nada e caiu morta ao pé do leito."

Como morreu Cleópatra? O meio empregado pela rainha para suicidar-se permanece, para sempre, coberto de mistério. A versão oficial adotada pelos romanos, segundo a qual a rainha teria sido picada por uma serpente, é discutível, mas não deve ser descartada definitivamente. Segundo o médico Galiano (século II d.C.), a execução por picada de cobra, que provocava uma morte rápida e sem dor, constituía, se é possível dizer, um tratamento gentil para os condenados à morte em Alexandria. Plutarco também diz que a rainha já havia antes testado todos os venenos em prisioneiros, tendo descoberto uma serpente (*aspis*, em grego) cuja "picada não causa nem dilaceramentos, nem convulsões. Causando apenas um peso e um torpor acompanhados de uma leve transpiração no rosto. Ela conduzia, por um apagamento progressivo dos sentidos, a uma morte tão suave que os que estavam nesse estado, assim como as pessoas num sono profundo, se aborreciam quando as despertavam ou quando as faziam levantar-se".

Estrabão e Plutarco se interrogam sobre a causa da morte de Cleópatra. Enquanto o geógrafo hesita entre o veneno e a serpente, o moralista enumera, conscienciosamente, todas as hipóteses propostas.

"Trouxeram a Cleópatra, dizem, uma serpente escondida sob figos cobertos de folhas: ela assim havia ordenado para que, ao pegar as frutas, a serpente a picasse sem ela perceber. Mas, ao descobrir o cesto de frutas, ela teria visto o réptil. 'Aí está!' exclamou, e apresentou o braço nu à serpente. Outros afirmam que ela guardava essa serpente num vaso e que o animal, irritado ao ser provocado com um fuso de ouro, lançou-se contra ela e a picou no braço. Mas nada se sabe ao certo, em realidade, sobre o tipo da morte. Correu o boato de que ela sempre tivera veneno escondido numa agulha oca que trazia nos cabelos. Mas não se viu em seu corpo nem mancha, nem traços de veneno. Também não foi encontrada serpente no quarto. Dizia-se apenas terem sido vistos alguns ovos de répteis ao longo do mar, no lugar avistado pelas janelas do túmulo. Segundo alguns, foi visto no braço de Cleópatra a marca, muito pequena, de duas picadas. Parece que foi nesse sinal que César (Otávio) mais acreditou. Pois, no momento do seu desfile triunfal, ele fez carregar uma estátua de Cleópatra cujo braço era envolvido por uma serpente. Tais são as diversas tradições sobre esse ponto."

A versão oficial, portanto, foi a da picada da serpente. Suetônio conta que Otávio "chegou mesmo a chamar psilos (homens da Líbia que, dizia-se, sabiam como curar picadas de répteis) para sugar o veneno da ferida".

V. O acerto das questões do Egito

Ao saber da notícia da morte de Cleópatra, Otávio ficou inicialmente furioso. O suicídio da rainha o privava de uma parte essencial do seu triunfo. Ele perdia o troféu vivo que esperava exibir aos olhos dos romanos.

Mesmo assim, ele ordenou que a rainha fosse enterrada ao lado de Antônio, após funerais dignos de sua condição. "A ambos", escreve Suetônio, "ele concedeu a honra de um túmulo comum e fez terminar o monumento que eles mesmos haviam começado." Ele teria, inclusive, sentido certa admiração pela coragem que ela demonstrou na adversidade e não mandou derrubar suas estátuas, que permaneceram de pé em todo o Egito. Otávio estava sendo sincero? Em realidade, sua emoção devia se misturar a cálculos políticos. O vencedor desejava ser apaziguador e realista. "Ele não queria", escreve Díon Cássio, "cometer um ato irreparável contra uma população tão numerosa e que podia ser útil aos romanos." Sendo a vitória total, era inútil humilhar ainda mais os alexandrinos.

O novo senhor do Egito foi prestar homenagem aos restos mortais de Alexandre Magno em seu túmulo, ou *Sema*, em Alexandria. Reuniu também o povo de Alexandria e, do alto de uma tribuna erguida para ele no Ginásio, fez o seguinte discurso, retranscrito por Plutarco: "Perdôo aos alexandrinos todas as faltas que cometeram; primeiro, por respeito a Alexandre, fundador desta cidade; segundo, por admiração à grandeza e à beleza da cidade; e terceiro, finalmente, para agradar ao filósofo Areios, meu amigo".

O antigo reino dos ptolomeus passou a ser uma província romana que foi confiada a Galo, nomeado governador do Egito por Otávio. O mundo helenístico estava politicamente morto, mas sua civilização haveria ainda de inspirar por muito tempo o Oriente e difundir-se no Ocidente.

Cesário, que "com grandes riquezas" (Plutarco) fugira para a Etiópia, de onde pretendia depois ir à Índia, foi traído por seu preceptor Rodo. De volta a Alexandria, Otávio mandou matá-lo. Segundo a expressão do filósofo Areios, não era bom que houvesse vários Césares. O filho de César e Cleópatra conheceu, portanto, aos dezessete anos de idade, a triste sorte dos Filhos da Águia. Como outrora Alexandre IV, como mais tarde na França Napoleão II, ele jamais reinou efetivamente sobre o império que o destino parecia prometer-lhe. Antilo, filho de Antônio e Fúlvia, foi entregue por seu preceptor Teodoro, que não valia muito mais do que Rodo, e também foi assassinado.

Otávio poupou, no entanto, os três filhos de Antônio e Cleópatra, que foram enviados à Itália, onde Otávia encarregou-se de sua educação. Por volta de 25 a.C., Cleópatra-Selene desposou o rei da Mauritânia, Juba II. É provável que seus irmãos a tenham acompanhado à África e vivido na corte de Cesaréia, a atual Cherchel, na Argélia. Não se sabe se tiveram posteridade. Cleópatra-Selene morreu alguns anos antes do início da era cristã. As moedas que ela fez cunhar, ornadas de seu perfil com diadema e portando a inscrição de seu nome em grego, mostram que ela reivindicou com orgulho a herança da mãe. Ela escolheu também o nome de Ptolomeu para seu filho, que reinou na Mauritânia de 23 a 40 d.C.

Capítulo VI

A RAINHA E A IDEOLOGIA REAL

I. Uma vida de luxo

A rainha e sua corte moravam no bairro real de Alexandria, onde levavam uma existência suntuosa, chamada *tryphé* pelos gregos, e admitida como uma das características de comportamento da realeza. A rainha reivindicava o luxo provocador, as extravagâncias dispendiosas e esbanjadoras, que contribuíam para elevá-la acima do comum dos mortais. A criação da sociedade dos *Amimetobies* ("os que levam uma vida inimitável"), no inverno de 41-40, não teve por única função a busca do prazer, mas, também, a afirmação da soberania. Notemos que, num pedestal em granito do museu greco-romano de Alexandria, Antônio é dito *amimetos*, "inimitável" (W. Dittenberger, *OGI* 195), o que indica que, mesmo sem nunca ter usado o título real, o triúnviro proclamou sua conformidade com um comportamento que o comparava a um soberano helenístico.

Pode-se constatar o quanto se modificou o velho espírito macedônio. Na época de Alexandre Magno e de seus sucessores imediatos, era o valor guerreiro que qualificava o soberano; o que não impedia que a exaltação e a imodéstia fizessem parte do comportamento do rei, como observa Plutarco na *Vida de Demétrio*. Sob os últimos ptolomeus – lembremos que a mãe de Cleópatra tinha o cognome de Trifena, isto é, "que vive na *tryphé*" –, o excesso de luxo havia se tornado constitutivo da função e do carisma do soberano.

Esse luxo "inimitável" atingiu o auge no reinado de Cleópatra. Plutarco (*Vida de Antônio*) nos dá alguns exemplos.

"O médico Filotas de Anfissa contava a meu antepassado, Lamprias, que, quando fazia estudos de medicina em Alexandria, ficou conhecendo um dos mordomos da rainha, o qual lhe propôs que, um dia, viesse ver os preparativos de um daqueles banquetes suntuosos. Filotas, que era muito jovem, foi até lá e viu, ao entrar na cozinha, entre várias coisas que o impressionaram, oito javalis no espeto. Como ele se admirasse com o grande número de convivas que deviam tomar parte desse festim, o mordomo pôs-se a rir e lhe disse: 'Não são tantos quanto imagina; haverá apenas doze pessoas'. Mas acrescentou: 'cada iguaria deve ser servida num grau de perfeição que dure apenas um instante. É possível que Antônio peça para jantar daqui a pouco e, um momento depois, mande adiar a refeição porque quer beber ou porque é retido por uma conversa interessante. Por isso, preparamos não um único jantar, mas vários, não podendo adivinhar a que horas ele quererá ser servido'."

Às vezes, os cortesãos que sabiam agradar a seus senhores voltavam para casa cumulados de presentes. Uma noite, esse mesmo médico Filotas de Anfissa, conta-nos Plutarco, foi convidado a jantar na casa de Antilo, filho de Antônio. Como o médico contou uma piada que provocou muitos risos, o jovem, mostrando-lhe uma magnífica baixela de prata, disse: "Eu te dou tudo isso". Plutarco prossegue: "Filotas, que estava longe de crer que um rapaz daquela idade pudesse dispor de objetos de tal valor, agradeceu sua boa vontade. Mas, no dia seguinte, viu chegar à sua casa um dos escravos de Antônio trazendo-lhe, num grande cesto, toda aquela baixela, na qual ele devia pôr sua marca de posse. Filotas, que temia agir mal se aceitasse, persistia na recusa. 'Mas como você é ingênuo', disse-lhe o escravo. 'Por que hesita em aceitar esse presente? Ignora que é o filho de Antônio que te envia e que ele poderia te dar a mesma quantidade de baixelas em ouro?'"

A corte e seu luxo "inimitável" deslocavam-se junto com a rainha. Após sua navegação no Cidno, ao encontro de Antônio, Cleópatra convidou o triúnviro a um suntuoso festim. "Lá ele viu", escreve Plutarco, "preparativos cuja magnificência não se pode descrever. Mas o que mais o surpreendeu foi a quantidade de archotes que iluminavam por todos os lados, uns suspensos no teto, outros presos às paredes, formando, com uma admirável simetria, figuras quadradas ou circulares. Assim, de todas as festas mencionadas na história, não havia nenhuma que fosse comparável àquela." Do mesmo modo, no começo da guerra contra Otávio, a temporada de Antônio e Cleópatra em Samos pôs a ilha em ebulição. Samos "ressoou, durante vários dias, ao som das flautas e das liras".

A rainha também não deixava Alexandria sem levar seus tesouros, que fazia transportar nos navios. Assim, em algumas embarcações tomadas por Otávio no Áccio, foram encontradas "somas de dinheiro consideráveis, uma grande quantidade de baixelas de ouro e prata e móveis preciosos" (Plutarco). A patera[17] de Boscoreale, hoje no museu do Louvre (ver cap. VI, III), provinha, certamente, de um butim desse tipo.

As grandiosas cerimônias e as encenações destinadas a impressionar a imaginação popular são a conseqüência direta desse comportamento "inimitável" da rainha. Cleópatra não podia apresentar-se aos olhos dos súditos vestida de maneira simples; ela perderia toda a credibilidade. A monarquia lágida, transformada em verdadeira "monarquia-espetáculo", devia, a todo momento, manter seus súditos na expectativa, na admiração e no respeito através de imponentes demonstrações de grandeza e de poderio. Cleópatra, atriz da própria função real, produz-se como "vedete", empregando eventualmente os filhos como figurantes.

Embora a rainha tivesse inegavelmente um gosto pronunciado por esse tipo de espetáculo, notemos que ela segue a tradição ptolomaica. Seu antepassado Ptolomeu II Filadelfo (rei, 285-246) já havia organizado, em Alexandria, uma gigantesca procissão dionisíaca, faustosa em ostentação e poder, da qual Ateneu[18] nos conservou a descrição (*O banquete dos sofistas*, IV). Esse soberano também instituiu, em 280, os *Ptolemaia* – jogos pentetéricos, isto é, qüinqüenais, a exemplo dos Jogos Olímpicos –, que eram ocasiões de inúmeras manifestações à glória da monarquia.

---

17. Taça usada em sacrifícios.
18. Escritor grego do século III d.C.

II. O séquito da rainha

Nada se sabe de preciso sobre a infância de Cleópatra. É certo que a princesa foi educada no palácio, em companhia dos irmãos e das irmãs, bem como de outras crianças chamadas *païdes basilikoi* ("as crianças reais") ou ainda *syntrophoi* ("que são educadas ao mesmo tempo"). O *tropheus*, ou preceptor, era quem dirigia os estudos do príncipe ou da princesa. Alguns professores eram encarregados do ensino de uma matéria particular. Assim, o mestre de retórica Teodoto de Quios formou o futuro Ptolomeu XIII na arte do discurso. Foi, provavelmente, durante sua juventude que Cleópatra aprendeu as numerosas línguas nas quais, segundo Plutarco, sabia se expressar. Foi-lhe ensinado, em particular, o egípcio, que ela falava fluentemente, segundo o autor da *Vida de Antônio*.

A tradição afirma que os principais conselheiros dos soberanos eram eunucos. Tratava-se, certamente, de um costume de origem oriental que se introduziu em Alexandria no final da dinastia lágida. Sabe-se de exemplos similares dessa prática na corte da Pérsia, mas não no Egito. Entre esses eunucos, citemos Potino – que foi também o *tropheus* do príncipe – para Ptolomeu XIII, Ganimedes para Arsínoe IV e Márdio para Cleópatra VII. Eram escravos castrados, totalmente devotados à pessoa da qual se encarregavam. Inversamente, talvez em razão de sua impotência física, a rainha ou o rei lhes davam total confiança. Assim, foi com a ajuda e a cumplicidade de Ganimedes que Arsínoe IV fugiu do palácio real por ocasião da Guerra de Alexandria.

O séquito real estava organizado segundo uma rigorosa hierarquia. Os *syngeneis*, ou "parentes do rei", ocupavam a posição mais elevada. Tratava-se de um título honorífico que não supunha nenhum parentesco real. Vinham a seguir os *archisomatophylaques* ("guardas da corporação principal"), depois os *philoi*, ou "amigos". Esses últimos eram subdivididos em *protoi philoi* ("primeiros amigos"), *philoi* ("amigos") e *diadochoi* ("amigos que vêm depois"). Os cortesãos formavam um círculo de privilegiados. Contudo, não se pode falar de verdadeira aristocracia, já que os títulos não eram transmissíveis por herança.

Cleópatra era, a todo momento, protegida por sua guarda pessoal, da qual faziam parte soldados romanos. Esses, segundo Díon Cássio, traziam o nome da rainha inscrito em seus escudos.

Damos abaixo, de acordo com indicações fornecidas pelas fontes antigas, os nomes dos principais cortesãos conhecidos, de Ptolomeu XIII, Arsínoe IV e Cleópatra VII.

Séquito de Ptolomeu XIII

Áquila, estratego dito "o egípcio", em razão de suas origens nativas.
Teodoto de Quios, professor de retórica do príncipe.
Potino, eunuco, *tropheus* e conselheiro do rei.

Séquito de Arsínoe IV

Ganimedes, eunuco.

Séquito de Cleópatra VII

Apolodoro de Sicília, fiel servidor. Foi ele quem levou a César a rainha, escondida dentro de um saco.
Arquidamo, "amigo" da rainha. Ele pagou a Otávio para que não derrubasse as estátuas de Cleópatra (Plutarco).
Charmian, serva e amiga da rainha. Suicidou-se com ela.
Diomedes, secretário da rainha.
Eufrônio, preceptor dos filhos de Antônio e Cleópatra.
Iras, cabeleireira de Cleópatra. Suicidou-se junto com a rainha.
Márdio, eunuco e conselheiro da rainha.
Nicolas de Damas, filósofo e historiador. Foi tutor dos filhos de Cleópatra antes de estar a serviço do rei Herodes.
Olimpo, médico da rainha.
Fotino, conselheiro da rainha.

Rodo, preceptor de Cesário. Traiu o jovem príncipe, que devia conduzir à Etiópia.

Seleuco, tesoureiro de Cleópatra.

Teodoro, preceptor do filho de Antônio e de Fúlvia, Antilo. Entregou seu mestre a Otávio e, depois, morreu crucificado por ter roubado a pedra preciosa que Antilo trazia ao pescoço.

III. Os retratos de Cleópatra

O rosto da grande Cleópatra nos é bem conhecido através da numismática, que é uma fonte bastante segura a esse respeito. As moedas cunhadas pela rainha apresentam o busto real, no anverso, enquanto o reverso traz a legenda grega, no genitivo, *Kleopatras basilissés*, isto é, "(subentendido: moeda) da rainha Cleópatra". Não existe dúvida nenhuma quanto à atribuição dessas moedas.

Nelas, Cleópatra aparece com um largo diadema na cabeça. Não se trata da faixa, símbolo de vitória, que na iconografia se tornou o atributo mais comum do monarca helenístico. O diadema de Cleópatra era uma espécie de coroa metálica, talvez de ouro, à qual estava presa a faixa, cujas extremidades flutuavam sobre a nuca.

O mais antigo retrato da rainha aparece numa série de tetradracmas[19] de prata (fig. 1) cunhados em Áscalon, na Palestina, em 50-49 a.C. (Ver *BMC*, vol. 27 *Palestine*, nº 20, p. 108). A rainha, portanto, tinha vinte anos. Seus cabelos estão trançados e atados atrás da cabeça num pequeno coque. O penteado lembra as "nervuras de melão" já apresentadas, no século III a.C., por Berenice I e Arsínoe II. Um friso de cachos rebeldes orna o alto da testa. O olho é grande. Os contornos do rosto, sem nenhuma idealização, aparecem fortemente individualizados: testa arqueada, nariz longo e pontiagudo, lábio inferior ligeiramente carnudo. Quanto ao

---

19. Moeda equivalente a quatro dracmas.

queixo, não muito proeminente, ele descreve uma curva que lembra não apenas os retratos de Aulete, mas também os do fundador da dinastia, Ptolomeu I Soter. Estamos longe, portanto, do "perfil grego".

Fig. 1. – Cleópatra
Tetradracma de prata cunhado em Áscalon, Palestina, 50-49 a.C.

O tetradracma de Áscalon faz aparecer, igualmente, alguns enfeites da rainha: um pingente de orelha, um colar de pérolas e o alto do *chiton*, ou túnica, que envolve os ombros da rainha.

Uma cabeça de mármore, hoje no museu de Berlim (*Antikensammlung* 1976.10), oferece o equivalente exato, em alto-relevo, do que se vê na moeda. Hoje, ninguém mais duvida de que se trata de um retrato de Cleópatra VII. Os traços são muito caracterizados, como nas moedas. Do rosto da jovem rainha emana uma graça muito particular.

O museu do Vaticano possui uma segunda cabeça em mármore de Cleópatra, da qual, infelizmente, o nariz se perdeu (38511). Mas, contrariamente aos perfis monetários e à cabeça de Berlim, o largo diadema aparece encimado por um *uraeus*, ou serpente faraônica. A obra foi descoberta em Roma em 1790. Talvez fizesse parte do butim trazido à Itália após a vitória de Otávio.

Uma terceira cabeça de Cleópatra, obra certamente póstuma, foi descoberta em Cherchel, a antiga Cesaréia, atualmente na Argélia, onde reinou Cleópatra-Selene. A filha, orgulhosa de suas origens, honrou a mãe fazendo erguer estátuas na capital do reino mauritânio.

Dois outros mármores, geralmente atribuídos à Cleópatra, nos parecem ter pouca relação com a grande rainha. É o caso de uma cabeça do British Museum, desprovida de diadema, e de um busto de Cherchel, provido de um véu que em nada lembra os que foram usados por algumas rainhas lágidas.

Díon Cássio menciona a estátua de ouro da rainha que Júlio César fez colocar no templo de Vênus *Genitrix*. Como já vimos (cap. III, IV), a oferenda do ditador pode ser considerada como o ato fundador de uma devoção pessoal à rainha, assimilada a Vênus, a ancestral mítica do *gens Julia*. A estátua, associada à dita "Vênus do Esquilino", hoje no museu do Capitólio (*Palácio dos Conservadores*) em Roma, é talvez uma reprodução da obra original encomendada pelo ditador. A jovem representada, como Afrodite – ou Vênus – *Anadiomene*, isto é, "saindo do banho", é vista prendendo os cabelos. Até aí nada de original, nem de egípcio. Aos pés da mulher está colocada uma caixa, talvez de cosméticos, decorada de motivos florais, certamente rosas. O elemento egípcio ou pelo menos com algum traço egípcio da obra encontra-se no vaso, colocado sobre a caixa. Esse vaso termina num gargalo lotiforme, característico de alguns recipientes de bronze da época ptolomaica. Além disso, um outro elemento egípcio, uma serpente que lembra o *uraeus* faraônico, vem enrolar-se em torno do vaso. A estátua, portanto, tem alguma relação com o Egito. Ela foi considerada como uma representação sincrética de Afrodite-Ísis, ou como a de uma sacerdotisa isíaca.

Recentemente, P. Moreno (ver bibliografia) propôs reconhecer nessa estátua a grande Cleópatra. A interpretação, embora não definitiva, parece plausível. Se é verdade que a estilização do rosto, bem como o tratamento da cabeleira e da faixa, diferem sensivelmente das cabeças de Berlim, do Vaticano e de Cherchel, pode-se, no entanto, observar que, em se tratando da reprodução de uma estátua de culto, a perfeita conformidade com os retratos realistas da rainha não era obrigatória. A estátua tinha por finalidade primeira sugerir uma semelhança entre a rainha e a deusa. Mas o debate permanece aberto...

A patera de Boscoreale, hoje exposta no museu do Louvre (BJ 1969), oferece um outro exemplo das dificuldades de interpretação próprias à iconografia helenística. Trata-se de uma taça, puramente decorativa, em prata realçada de ouro, descoberta em Boscoreale, perto de Pompéia. O objeto está ornado, no centro, por um busto feminino, com a cabeça coberta por uma pele de elefante. Segundo alguns estudiosos, como M. Della Corte e J. Carcopino, seria um retrato alegórico de Cleópatra.

A jovem está vestida com um *chiton* [túnica] que deixa descoberto o ombro esquerdo. Com a mão direita ela segura uma serpente – o *uraeus* faraônico – e, com a esquerda, um corno da abundância que transborda de frutos, tendo no alto um crescente de lua colocado sobre uma pinha. O corno divide-se em dois registros: a parte superior é ornada por um busto do deus solar Hélio – reconhecível pela cabeça radiada – e a parte inferior, pela águia de Zeus, estrelas e *pilei* (barretes cônicos) dos Dióscuros.[20]

Um grande número de símbolos divinos cerca o busto. Atrás do ombro direito da jovem aparece a parte de cima da aljava e do arco de Artemis, assim como a maça[21] de Héracles [Hércules]. O leão, que evoca igualmente Héracles, tem as garras sobre o ombro esquerdo. Seguem, no sentido inverso dos ponteiros de um relógio, um sistro, instrumento musical do culto de Ísis, um golfinho mergulhando entre as ondas, que representa Poseidon, a tenaz de Hefesto, o caduceu de Hermes, a espada de Áries e a lira de Apolo.

O próprio busto é provido de numerosos elementos: no seio esquerdo, a pantera de Dioniso enfrenta a serpente faraônica.

Entre os dois, vê-se o pavão de Hera, no meio de pinhas, romãs e diversas frutas. Uma espiga de trigo, que remete a Deméter, ergue-se entre a cabeça do pavão e a boca da serpente.

---

20. Os filhos de Júpiter, Castor e Pólux.

21. Arma com um cabo comprido e uma bola de ferro dentada numa das pontas.

A maioria desses símbolos aparece freqüentemente na iconografia lágida oficial, em particular os dois mais importantes por sua dimensão e sua posição: o corno da abundância e a pele de elefante. O corno, ligado à cabra Amaltéia, que amamentou Zeus na mitologia, é um símbolo de fecundidade e de prosperidade. Quanto à pele de elefante, trata-se do troféu com que Alexandre Magno, conquistador da Índia, cobriu-se para imitar seu antepassado mítico Héracles, que fizera o mesmo com a pele do leão de Téspias [Grécia]. Esse símbolo foi retomado por Cleópatra I em moedas de bronze cunhadas no Chipre e em Cirene. A rainha apoderou-se do troféu do conquistador para ser vista, ela mesma, como um novo Alexandre feminino, ou *Alexandreia*. Isso lhe permitia, ao mesmo tempo, confundir-se com a personificação de Alexandria. Em realidade, é toda uma série de significações que decorrem do símbolo da pele do elefante. Ao revestir-se com ela, a rainha lembrava a herança de Alexandre, da qual queria ser vista como a detentora. Mas a pele simbolizava também Alexandria, enquanto cidade fundada pelo conquistador e como capital do império lágida. Tendo a pele do elefante na cabeça, a rainha encarnava uma espécie de alegoria do reino dos ptolomeus. É essa, certamente, a significação que se pode dar ao busto da patera.

A lua que emerge do corno faz referência a Selene, divindade lunar. Ela se encontra imediatamente próxima ao busto de Hélio, que ocupa a parte superior do corno. As duas representações parecem dever se completar. Podemos nos perguntar se não seria uma espécie de transposição iconográfica do novo panteão criado por Cleópatra e que se confundia com os membros da família real. A lua poderia evocar Cleópatra-Selene, enquanto o sol representaria Hélio. O corno simbolizaria a prosperidade do Egito, identificada à fecundidade da rainha, nova deusa e mãe de novos deuses.

Dois outros elementos em destaque, por seu tamanho e sua posição central, são a serpente e a pantera que a enfrenta. A composição revela uma evidente preocupação de simetria, mas sugere também um encontro entre os dois elementos:

o poder faraônico, na figura do réptil, e o dionisismo, representado pela pantera, animal favorito de Baco, que, na iconografia, aparece seguidamente montando o animal. Se o *uraeus* pode simbolizar a rainha do Egito, a pantera, por sua vez, poderia remeter a Antônio, que se associava a Dioniso, como relata Díon Cássio. Assim, parece-nos possível reencontrar na patera de Boscoreale uma espécie de tradução simbólica do encontro de Tarso e de suas conseqüências, ainda mais que o pavão de Hera, protetora dos casamentos, está empoleirado entre a serpente e a pantera.

Se essa representação parece audaciosa, é admissível, pelo menos, que a patera de Boscoreale ofereça um eco da propaganda e da ideologia político-religiosa de Antônio e Cleópatra. Mas, também sobre esse ponto, o debate não está encerrado.

IV. A representação dos casais: Cleópatra e Cesário, Antônio e Cleópatra

Uma série de moedas de bronze cunhadas em Pafo, na ilha do Chipre (fig. 2), mostra Cleópatra segurando o pequeno Cesário junto ao peito (*BMC*, vol. 6 *Ptolemaic Kings of Egypt*, nº 2, p. 122). A rainha tem os cabelos enrolados em tranças que terminam num coque, como nos tetradracmas de Áscalon. No bronze cipriota, porém, ela usa o diadema de Afrodite, à qual era associada. Notemos que essa associação, corrente no Egito lagida desde Arsínoe II, adquiria uma significação muito particular no Chipre, onde a deusa era muito reverenciada.

Nos braços de sua mãe como Afrodite, Cesário torna-se, igualmente, um novo Eros. Além disso, a rainha aparece como regente do filho: leva ao ombro o cetro real que entregará ao príncipe na sua maioridade.

H. Volkmann (ver bibliografia) julga que a moeda deve ter sido cunhada em 47, para celebrar o nascimento de Cesário e a devolução do Chipre ao Egito.

Fig. 2. – Cleópatra-Afrodite e Cesário-Eros.
Bronze (28 mm) cunhado em Pafo, Chipre, 47 a.C.

Antônio não adotou o título de rei, por isso nunca aparece nas moedas cunhadas por Cleópatra no Egito e no Chipre. É somente na Síria e na Fenícia que o retrato da rainha acompanha o do *imperator*.

Fig. 3. – Cleópatra e Antônio.
Bronze (25 mm) cunhado em Dora, Fenícia, 34-33 a.C.

Um bronze de Dora, na Fenícia, feito em 34-33 (estudado por H.R. Baldus, ver bibliografia), nos mostra os bustos dos amantes (fig. 3). A representação inspira-se, aparentemente, em moedas que representam o casal dos "deuses salvadores", Ptolomeu I e Berenice I, e dos "deuses adelfos", Ptolomeu II e Arsínoe II. Contudo, diferentemente dos grandes casais do século III a.C., não é mais o busto masculino, mas o da rainha que é apresentado em primeiro plano no bronze de Dora, ocultando pela metade o de Antônio. A preeminência da rainha, única a portar o título real e o diadema, parece, assim, oficialmente proclamada.

Num tetradracma cunhado em Antioquia em 34-33 (fig. 4), Cleópatra aparece no anverso e Antônio no reverso (*BMC*, vol. 20 *Galatia, Cappadocia, Syria*, nº 53, p. 158). Enquanto a rainha porta o diadema e está ricamente vestida com uma túnica com dois fechos ligados por um colar de pérolas, Antônio tem a cabeça descoberta. As legendas são igualmente reveladoras da diferença de *status* entre os dois personagens: Cleópatra é dita *Basilissa* e *Thea neotera*, "rainha e deusa renovada", enquanto Antônio é *autokrator triton trion andron*, "comandante-chefe (*imperator* em latim) pela terceira vez e triúnviro".

Fig. 4 – Cleópatra e Antônio.
Tetradracma de prata cunhado em Antioquia, 34-33 a.C.

Essas observações são igualmente válidas para um denário [moeda romana] cunhado em 34, numa oficina oriental não localizada (E. A. Sydenham, *The Coinage of the Roman Republic in The British Museum*, Londres, 1952, nº 1210). A legenda latina *Antoni Armenia devicta* ("Antônio, a Armênia tendo sido vencida") comemora a vitória sobre Artavasdes, cuja tiara real aparece como um troféu atrás do busto do *imperator*. No reverso, o busto da rainha com diadema é cercado pela legenda *Cleopatrae reginae regum filiorum regum* ("Cleópatra, rainha dos reis e de seus filhos que são reis"). Esses termos fazem referência direta aos títulos assumidos pela rainha e seus filhos por ocasião da cerimônia do Ginásio. Uma proa de galera, diante do busto de Cleópatra, lembra o poderio da frota lagida (fig. 5)

Fig. 5 – Cleópatra e Antônio.
Denário de prata cunhado numa oficina oriental, 34 a.C.

V. Os símbolos do poder

Além do diadema e do cetro, atributos reais usados pela rainha, a monarquia é também representada na iconografia por símbolos divinos.

No reverso das moedas de Cleópatra, cunhadas.no Egito, aparece a águia de Zeus, segurando entre as garras o raio, arma do senhor dos deuses (*BMC*, vol. 6 *Ptolemaic Kings of Egypt*, nº 5, p. 123). O primeiro a usar a ave na cunhagem de moedas foi Ptolomeu Soter I. O fundador da dinastia lagida queria, assim, mostrar que seu poder advinha diretamente do senhor do Olimpo em virtude de uma verdadeira escolha divina. A águia segurando o raio, retomada pelos sucessores de Soter, tornou-se o símbolo mais corrente da monarquia dos ptolomeus. No reverso das moedas de Cleópatra, aparece, às vezes sob a asa da águia, a palma da vitória. Mas, na maioria das vezes, ela é acompanhada de um *dikéras* ou corno da abundância.

Na origem, esse corno era o da cabra Amaltéia, que amamentou Zeus, e, posteriormente, transformou-se num dos atributos da divindade alegórica da Fortuna, *Tyché*. Diversas variantes do corno são identificáveis. Cada corno corresponde a uma rainha diferente, da qual ele é o brasão. Cleópatra retomou o duplo corno de Arsínoe II Filadelfa, a fim de associar seu reinado ao da gloriosa soberana do século III. No reverso do bronze cipriota já mencionado (fig. 2), o *dikéras* de Cleópatra transborda de frutas e doces de forma cônica. Por outro lado, os dois cornos estão ligados entre si por uma faixa real cujas extremidades flutuam ao vento.

No reverso de algumas moedas aparece às vezes a coifa de Ísis, composta de espigas de trigo, de dois cornos de vaca e de um disco solar com longas plumas ao alto. Essa coifa pode estar presente diante da águia, em lugar dos dois cornos. Mais raramente ela ocupa a totalidade do reverso, como num bronze de Patras (*BMC*, vol. 10, *Peloponnesus*, nº 5, p. 14).

VI. A ideologia real

Não foi descoberto nenhum tratado de monarquia lágida. Obras intituladas *Peri basileias* ("Da realeza") foram escritas, no entanto, por pensadores gregos da época helenística. Foi o caso, por exemplo, de Estráton de Lâmpsaco, que destinou sua obra ao jovem príncipe do qual era o preceptor, o futuro Ptolomeu II Filadelfo. São a iconografia oficial (numismática, escultura), as alusões literárias e alguns documentos epigráficos que nos permitem fazer uma idéia da ideologia monárquica dos ptolomeus e, mais particularmente, de Cleópatra. Pode-se qualificar essa ideologia de mitológica ou mitologizante, pois política e teologia aparecem íntima e habilmente ligadas por ocasião das grandes cerimônias durante as quais a rainha, vestida como deusa, imita Ísis ou Afrodite. Trata-se de vincular os atos do poder monárquico e a história pessoal da soberana aos gestos míticos dos deuses. Ao navegar ao encontro de Antônio, "novo Dioniso", Cleópatra atualizava, como nova Afrodite, a tradição das hierogamias[22] míticas. Mas o espetáculo de Tarso era, também, uma inovação para os gregos, uma modificação do mito, ou

---

22. Uniões ou casamentos sagrados.

mesmo a criação de um novo mito: o da união de Dioniso e de Afrodite. Somente os egípcios, que confundiam Dioniso com Osíris e Afrodite com Ísis, podiam, a rigor, considerar que o mito era reiterado. Assim, tendo em vista fins políticos, Cleópatra utilizou os mitos com a maior liberdade.

Entre a imitação e a associação pura e simples da rainha à deusa, a fronteira é estreita. Na verdade, Cleópatra não se contentou em imitar Ísis e Afrodite: pretendeu também ser uma encarnação delas na terra.

Pode-se acompanhar a evolução da concepção que a rainha fazia de sua própria pessoa e de sua função real. Em 51, Cleópatra, associada a seu jovem irmão, é *thea philopator*, "deusa que ama seu pai". Num papiro grego, o epíteto *Philopatris*, "que ama sua pátria", é acrescentado a *Philopator* (W.M. Brashear, nº 2376). Em 47, ela aparece como Afrodite no bronze de Chipre, mencionado mais acima (fig. 2). Em 41, em Tarso, usa as vestes de Afrodite. A partir de 34, segundo Plutarco, ela só aparece em público vestida como Ísis. No mesmo ano, adotou a epiclese *nea isis*, "nova Ísis", ou ainda *thea neotera*, epíteto inscrito nas moedas de Antioquia (fig. 4). *Neotera* não é sinônimo de *nea*: trata-se do comparativo feminino do adjetivo que significa "novo" em grego. Essa forma implica uma inovação, um fato extraordinário e inesperado. *Neotera* se aplica a uma antiga divindade reencarnada no mundo, sob a forma de uma mulher viva e que se assemelha à deusa. Pode-se traduzir *thea neotera* por "deusa renovada". Mas foram também os antigos mitos que Cleópatra renovou, como em Tarso. O adjetivo *neotera* servia da mesma forma para justificar a livre utilização política que a rainha fez da mitologia e da teologia. A expressão grega *neoteron ti poiein*, equivalente ao latim *res novas moliri*, significa "preparar uma revolução". Assim, a escolha da epiclese *thea neotera* traduz uma ideologia da renovação do mundo, tornada possível graças à ação da deusa-rainha.

Mas a rainha não encarna apenas as divindades, ela se confunde, também, com as forças benéficas da natureza. Ao atribuir-se o símbolo do corno da abundância, ela pretende representar *Tyché*, a Fortuna no sentido latino, fazendo-se portadora dos poderes naturais que asseguram a fertilidade e a prosperidade do reino. A *Taça Farnese*, no museu arqueológico de Nápoles, belo objeto de propaganda real que data da regência de Cleópatra III (obra atribuída erroneamente à Cleópatra VII por E. la Rocca, *L'età d'oro di Cleopatra, Indagine sulla Tazza Farnese*, Roma, 1984), apresenta a transposição figurada dessa ideologia "cósmica" dos últimos ptolomeus. Nela, vemos as alegorias dos ventos etésios[23] que, supostamente, provocavam a cheia anual do Nilo, bem como personificações das estações da inundação e da colheita. A rainha-mãe Cleópatra III, como Ísis-Deméter, aparece estendida sobre uma esfinge que representa o rei defunto, Ptolomeu VIII Evérgeta. O jovem príncipe Ptolomeu IX Soter (ou Ptolomeu X Alexandre), como Triptólemo, filho de Deméter, apóia-se numa charrua, diante do Nilo personificado. Puro produto da arte oficial, a *Taça* oferece uma imagem idílica do reino do Egito, protegido pelos benefícios dos soberanos e em perfeita concordância com as forças da natureza.

VII. O culto real

A conseqüência da associação dos soberanos aos deuses foi a instauração de um culto real desde a primeira metade do século III a.C. Várias etapas desse culto podem ser observadas.

Ptolomeu I Soter, que inaugurou um culto de Estado em honra de Alexandre Magno, foi, ele próprio, divinizado postumamente, com sua esposa Berenice I, em 283. Os novos deuses passaram a ter o nome de culto de *theoi soteres* ou "deuses salvadores". Em 270, foi ainda em vida que Ptolomeu II e Arsínoe II se tornaram deuses, sob o nome de *theoi adelphoi*, "deuses irmão e irmã". Seu culto foi associado ao de Alexandre, cujo sacerdote epônimo – mencionado

---

23. Ventos que sopram do Mediterrâneo para a terra.

nos documentos oficiais – tomou o título de "sacerdote de Alexandre e dos deuses adelfos". A rainha morreu alguns meses após sua divinização. Em 246, Ptolomeu III e Berenice III, "deuses evérgetas", foram, também, associados a Alexandre e aos Adelfos. Em 221, Ptolomeu IV e Arsínoe III, *theoi philopatores*, "deuses que amam seu pai", instauraram seu próprio culto e acrescentaram a menção de deuses salvadores entre os títulos do sacerdote dinástico. Este último tornou-se oficialmente "sacerdote de Alexandre, dos deuses salvadores, dos deuses adelfos, dos deuses evérgetas e dos deuses filopatores". A lista alonga-se nos documentos gregos e demóticos do século II. Mas, a partir do século I a.C., o sacerdócio de Alexandre e dos ptolomeus não é mais mencionado (ver J. Quaegebeur). Teria caído em desuso? Em realidade, não é impossível que os próprios soberanos tenham assumido a função sacerdotal. Aliás, nossas fontes indicam que Ptolomeu IX Soter e Ptolomeu X Alexandre foram sacerdotes do culto real.

Como se desenrolava esse culto?

Nas cidades gregas, Alexandria, Ptolemais e Náucratis, os ritos eram do tipo helênico. Ofereciam-se libações e hecatombes, ou sacrifícios de bovinos, aos soberanos divinizados. O poeta Teócrito, século III a.C., nos mostra isso em seu *Elogio de Ptolomeu* (*Idílio* XVII). Fala-se de estátuas criselefantinas – isto é, de ouro e de marfim – dos deuses salvadores, que deviam se elevar num santuário de Alexandria. Diante dessas representações, havia altares nos quais era queimada "gordura de boi", como em honra das grandes divindades do Olimpo. O poeta Calímaco, contemporâneo de Ptolomeu III Evérgeta, evoca, por sua vez, uma estátua da rainha Berenice II "muito úmida de perfumes" (*Epigrama* LI). As representações dos soberanos podiam, portanto, estar cobertas de ungüentos. Nas cidades, esse culto era praticado por sacerdotes oriundos das grandes famílias greco-macedônias.

No resto do país, habitado essencialmente por egípcios, o clero nativo, que formava uma poderosa casta sacerdotal, é que organizava o culto real. Este foi integrado nos santuários do país sob forma egípcia.

O decreto de Canopo, votado pelo sínodo ou assembléia dos sacerdotes egípcios reunidos na cidade de Canopo em 237 a.C., versa sobre o regulamento do culto em honra dos deuses evérgetas, Ptolomeu III e Berenice II (W. Dittenberger, *OGI* 56). A estela comporta três versões: hieroglífica, demótica e grega. Eis aqui um trecho: "Apraz aos sacerdotes do país que as honrarias já conferidas nos templos ao rei Ptolomeu e à rainha Berenice, deuses evérgetas, a seus pais, deuses adelfos, e a seus antepassados, deuses salvadores, sejam acrescidas. Que os sacerdotes dos templos do país sejam chamados, também, *sacerdotes dos deuses evérgetas*, que seus nomes sejam inscritos em todos os atos oficiais e que, em seus anéis, tragam gravado o sacerdócio dos deuses evérgetas. E que seja designada, além das quatro tribos atualmente existentes no grupo de sacerdotes que habitam em cada templo, uma nova tribo à qual se dará o nome de quinta tribo dos deuses evérgetas".

O culto dos deuses evérgetas ocorria em datas fixas. Era, ao mesmo tempo, mensal e anual: nos dias 5, 9 e 25 de cada mês, bem como durante cinco dias a partir do primeiro dia do mês de *Payni*. "Considerando que todo mês têm lugar nos templos festas dos deuses evérgetas, em conformidade com o decreto anteriormente proposto, nos dias 5, 9 e 25, e considerando que, em relação aos outros grandes deuses, celebram-se todo ano festas e panegíricos solenes, haverá todo ano um panegírico solene nos templos e em todo o país em favor do rei Ptolomeu e da rainha Berenice, deuses evérgetas, no dia em que se ergue o astro de Ísis, considerado pelos textos sagrados como o novo ano, e que se situa, precisamente, no nono ano (do reinado de Ptolomeu III, isto é, 237), na *noumenia* de *Payni*, quando acontecem as Pequenas Bubastias[24] e as Grandes Bubastias, e também a cheia do Nilo e a colheita dos frutos." O panegírico anual devia ser celebrado durante cinco dias "com estefanofórios (desfiles com coroas), sacrifícios, libações e outras cerimônias apropriadas".

---

24. Relativo a Bubastes, antiga cidade do Egito junto à foz do Nilo.

A estela de Pithom, no museu do Cairo, decreto trilíngüe – hieroglífico, demótico[25] e grego – do sínodo reunido em Mênfis, em 216, comporta o regulamento do culto de Ptolomeu IV e Arsínoe III (*Supplementum Epigraphicum Graecum* VIII, 467). Estátuas dos soberanos, de estilo egípcio, foram erguidas nos santuários e colocadas ao lado dos grandes deuses, dos quais passaram a ser *synnaoi* ("deuses que compartilham o mesmo santuário"). O rei é representado como Horo, filho de Ísis e Osíris, enquanto Arsínoe, "modelada à maneira egípcia", é representada como deusa faraônica. A estela de Pithom, assim como o decreto de Canopo, prevê uma festa de cinco dias, com estefanofórios, em honra dos soberanos divinizados. "Que sejam celebradas festas e procissões nos templos do Egito pelo rei Ptolomeu sempre vivo, amado de Ísis, a partir do décimo dia do mês de *Pachon*, dia em que o rei venceu seus adversários (na batalha de Raphia, em 217), durante cinco dias, todos os anos, nos quais serão organizados estefanofórios e se farão sacrifícios e libações, e todos os outros ritos habituais." O decreto nos informa igualmente que, a exemplo dos grandes deuses do Egito faraônico, as estátuas dos soberanos, colocadas em capelas de madeira, eram tiradas de seus santuários e levadas em procissões por sacerdotes em barcas sagradas. "Que as edículas dos deuses filopatores sejam transportadas nesses dias e que um buquê de flores seja oferecido ao rei no templo."

A célebre pedra da Roseta, hoje no British Museum (W. Dittenberger, *OGI* 90), transcreve, por sua vez, o decreto do sínodo[26] reunido em Mênfis no ano 196 a.C. Honras divinas são prestadas a Ptolomeu VI Filometor. Mas pode-se observar que o texto menciona também todos os predecessores do soberano. "Prouve aos sacerdotes de todos os templos do país aumentar as honrarias prestadas ao rei Ptolomeu sempre vivo, amado de Ptah, deus *epífano* ("que aparece na

---

25. Forma cursiva e popular da escrita egípcia.
26. Termo adotado pela Igreja Católica, significa reunião periódica de bispos. No Oriente, significa algo como conselho do governo eclesiástico das igrejas do Oriente.

terra") e *eucaristo* ("benevolente"), bem como a seus pais, os deuses filopatores, a seus antepassados, os deuses evérgetas, os deuses adelfos e os deuses salvadores. Que seja erguida ao rei sempre vivo Ptolomeu *epífano, eucaristo*, uma estátua em cada templo, no lugar mais visível, portando o nome de Ptolomeu, que vingou o Egito. Que seja colocado, de pé ao lado do rei, o principal deus do santuário, apresentando-lhe uma arma vitoriosa, tudo concebido à maneira egípcia, e que os sacerdotes façam, três vezes ao dia, o serviço religioso junto às estátuas."

Esse serviço religioso era feito por sacerdortes, no interior do santuário, como para as grandes divindades egípcias. Os "servidores do deus" traziam a refeição da divindade três vezes por dia, na sala de oferendas. Alguns sacerdotes ditos *stolistes* ("responsáveis pela indumentária"), membros do alto clero, eram encarregados de vestir e despir os ídolos.

Convém distinguir o culto ao casal real daquele dirigido apenas à rainha. Um estela hieroglífica proveniente de Mêndis, hoje no museu do Cairo (CG 22181), descreve a instauração por Ptolomeu II do culto em honra de sua irmã-esposa Arsínoe II Filadelfa, recentemente falecida (H. De Meulenaere e P. Mackay, *Mendes II*, Warminster, 1976, nº 111). "Sua Majestade decretou que a estátua da rainha seria elevada em todos os templos. Isso agradou aos sacerdotes, pois eles reconheciam a piedade dela para com os deuses e seus benefícios para com o povo. Ela foi proclamada *amada do carneiro, deusa que ama seu irmão, Arsínoe*." A rainha Arsínoe Filadelfa passou a ser então *synnaos* do carneiro adorado em Mêndis. Poderiam ser citados outros exemplos da rainha divinizada nos panteões locais do Egito. Em Mênfis, por exemplo, documentos hieroglíficos e demóticos mostram que Arsínoe foi venerada, juntamente com Ptah, até o início do século I a.C. (ver J. Quaegebeur, Documents concerning a Cult of Arsinoe Philadelphos at Memphis, *Journal of Near Eastern Studies* 30, 1971, p. 239-270). Uma sacerdotisa especial, chamada *canéfora* ("portadora do cesto sagrado"), tornou-se a responsável pelo culto da "deusa filadelfa". Como o "sacerdote de Alexandre", ela é mencionada no título dos documentos oficiais. Uma *atlófora* ("portadora de prêmio") foi, a seguir, encarregada do culto de Berenice II. Os documentos citam uma sacerdotisa de Arsínoe III, a partir de 199-198. Cleópatra III, por sua vez, recebeu quatro sacerdotisas: uma *estefanófora* ("portadora de coroa"), uma *pirófora* ("portadora de fogo"), uma *hiera* ("sacerdotisa") e uma *fósfora* ("portadora de tocha"). Nos documentos aparece também a menção de um sacerdote dito *hieros polos*, ou "potro sagrado".

Infelizmente, faltam documentos sobre o culto real no século I a.C. A estela de Psenptaís, no British Museum (E.A.E. Reymond, *From the Records of a priestly Family from Memphis*, Wiesbaden, 1981, p. 136), nos revela que o grande sacerdote de Ptah, em Mênfis, que havia coroado Ptolomeu XII Aulete, adotou também o título de sacerdote do culto real. "Fiz sacerdote do meu culto – diz o pai de Cleópatra – Psenptaís, o grande sacerdote de Ptah; e dei a ele rendimentos nos santuários do Alto e do Baixo-Egito."

Na inscrição de uma porta do templo de Sobek e Haroeris em Kom Ombo, no Alto-Egito, Ptolomeu XII Aulete apresenta a lista de seus antepassados, remontando aos deuses adelfos (ver E. Winter). Ainda em Kom Ombo, sabe-se que as estátuas dos antepassados da dinastia eram, até então, carregadas em procissões nas cerimônias do culto real, sob o reinado do pai de Cleópatra. Isso por certo também aconteceu com as estátuas dos *theoi philopatores philadelphoi*, Ptolomeu XII e Cleópatra VI Trifena.

VIII. Cleópatra e os templos egípcios

Sobre o culto de Cleópatra VII, a falta de informações é bastante desoladora. O monumento mais importante é a estela funerária do grande sacerdote de Ptah, em Mênfis,

Petubastes-Imutés, filho de Psenptaís que coroou Ptolomeu XII Aulete. Quando Psenptaís morreu, em 41, Petubastes-Imutés tinha apenas cinco anos de idade. Em 39, Cleópatra nomeou-o grande sacerdote de Ptah. Durante nove anos, até sua morte prematura, em 30, ele assumiu, a exemplo do pai, a função de sacerdote do culto real (ver J. Quaegebeur, Contribution à la prosopographie des prêtres memphites à l'époque ptolémaïque, *Ancient Society* 3, 1972, p. 101).

A rainha aparece em baixos-relevos de uma capela oracular, em Coptos. Ela é identificada também em Kom Ombo e nas paredes do templo da deusa Hathor, em Dendera. Seu nome, transcrito em hieróglifos, aparece num cartucho.[27] Ele é freqüentemente acompanhado do epíteto "deusa que ama seu pai", tradução do grego *thea philopator*.

A rainha é mostrada, segundo o cânone egípcio, com o rosto em perfil e os ombros de frente. Sua representação não é um retrato no sentido helenístico, pois não contém nenhuma individualização. A monarquia, no sentido egípcio, nega a personalidade do soberano em proveito da própria instituição (ver M.-A. Bonhème e A. Forgeau, *Pharaon, les secrets du pouvoir*, Paris, 1987). Assim, a Cleópatra representada à egípcia funde-se na sucessão das rainhas que exerceram o poder antes dela. Somente seu cartucho permite distingui-la das outras soberanas.

Num célebre baixo-relevo de Dendera (fig. 6), Cleópatra, associada à Ísis-Hathor, tem na cabeça uma pesada peruca trançada, um enfeite em forma de abutre – a deusa Nekbet, protetora da soberana – com as asas abertas. No alto da cabeça há uma coroa de *uraei*, ou serpentes, cornos da vaca Hathor, um disco solar e um pequeno trono, hieróglifo que servia para escrever o nome de Ísis.

---

27. Enquadramento oval no qual são inscritos os nomes dos faraós nas representações egípcias.

Fig. 6 – Cleópatra como Ísis-Hathor.
Baixo-relevo do templo de Hathor em Dendera.

Na parede exterior sul do templo de Dendera, a rainha aparece atrás do seu filho Ptolomeu XV César, representado como faraó. Os dois fazem oferendas às divindades do santuário. A rainha tem na cabeça uma peruca trançada, sem abutre, mas com um diadema provido de um *uraeus*, que a protege acima da fronte. Além disso, duas longas plumas divinas foram acrescentadas à coroa de serpentes, aos cornos de Hathor e ao disco solar, enquanto o hieróglifo de Ísis desapareceu. As representações faraônicas da rainha nos baixos-relevos não excluem, portanto, uma certa diversidade. A rainha aparecia, também, nas paredes do *mammisi* de Hermonthis, onde foi celebrado o nascimento divino de Cesário. Os baixos-relevos desse templo foram destruídos, mas pode-se ter uma idéia deles a partir de desenhos realizados no século XIX (C.R. Lepsius, *Denkmaeler aus Aegypten und Aethiopen*, vol. IV, Berlim, 1849-1859).

Por fim, numa estela do Louvre (E. 27.113), contendo a dedicatória grega da sede (*topos*) de uma associação religiosa, Cleópatra é representada como um faraó, vestida com uma tanga e tendo à cabeça o *pschent*, ou dupla coroa do Alto e do Baixo-Egito. Desta vez, não é mais apenas a individualidade da rainha que é negada, mas também sua feminilidade. Em realidade, a estela, datada do ano 51 a.C, foi, provavelmente, esculpida antes de a rainha subir ao trono.

São sobretudo os textos relativos ao culto de Cleópatra que mais fazem falta. Possuímos apenas a rápida evocação de um panegírico em demótico, dedicado à rainha. O texto glorificava Cleópatra, divina protetora do seu reino, e fazia o elogio de seus benefícios e de suas vitórias (ver E.A.E. Reymond, Demotic Literary Works of Graeco-Roman Date in the Rainer Collection of Papyri in Vienna, *Papyrus Erzherzog Rainer*, Viena, 1983, nº 46).

IX. Uma devoção popular e póstuma

É preciso distinguir do culto real oficial as manifestações de uma devoção popular à rainha. Um tento [peça para calcular] de marfim, que reproduz de forma primitiva os traços de Antônio e Cleópatra, parece testemunhar uma tal afeição (coleção Fr. Antonovich; ver C.G. Schwentzel, *Images d'Alexandre et des Ptolémées*, Paris, 1998). Essa devoção pode ser póstuma, como mostra um *graffito* demótico do templo de Ísis, em Filas, gravado pelo sacerdote Petesenuf, em 373 d.C. (F. LI, Griffith, *Catalogue of the Demotic Graffiti of the Dodecaschoenus*, vol. II, Oxford, 1937, 104). "Cobri de ouro", diz o autor do texto, "a estátua de Cleópatra". Assim, quatro séculos após a morte da rainha, uma estátua de madeira revestida de ouro, representando-a certamente como Ísis, erguia-se ainda no templo de Filas. O *graffito* confirma as palavras de Plutarco, segundo o qual

Otávio não mandou derrubar nenhuma das estátuas de Cleópatra que havia no Egito.

Por outro lado, alguns documentos parecem comprovar a permanência de uma veneração da rainha em Alexandria, durante a época romana (ver A.D. Nock). Talvez o túmulo da rainha fosse o local desse culto póstumo.

Notemos igualmente que, no século III d.C., a rainha de Palmira, Zenóbia, comparou-se a Cleópatra (ver G.W. Bowersock, The Miracle of Memnon, *Bulletin of American Society of Papyrologists* 21, p. 31). Segundo a *História Augusta* (*Trinta tiranos*, 27, 1), ela colecionou taças nas quais a rainha do Egito havia bebido. Zenóbia, aliás, reinou sobre Alexandria. Por fim, o mito da grande rainha desenvolveu-se no Egito copta: João de Nikiu, bispo do século VII, afirmava que nenhuma mulher podia superar Cleópatra (ver M. Grant, cap. 15).

Capítulo VII
O Egito de Cleópatra

I. A Alexandria de Cleópatra

Três séculos após sua fundação por Alexandre, a capital do Egito lágida havia crescido consideravelmente. Temos a sorte de possuir duas descrições antigas que testemunham o esplendor da cidade: a primeira é do historiador Diodoro de Sicília, que visitou Alexandria em 59, no reinado de Ptolomeu XII Aulete; a segunda é do geógrafo Estrabão, que foi ao Egito em 25-24 a.C., logo no início da dominação romana. O texto do historiador, que não tem nem a amplitude nem a extensão da descrição deixada por Estrabão, possui, no entanto, o interesse de mostrar a evolução da cidade, desde sua fundação até o ano 59 a.C.

> Como Alexandre decidiu fundar no Egito uma grande cidade, escreve Diodoro, ele deu aos homens que deixava no local a ordem de edificá-la entre o lago (Mareótis) e o mar. Uma vez que o terreno foi medido e dividido em bairros, segundo todas as regras da arte, o rei deu à cidade o nome de Alexandria, tirado do seu próprio nome. A cidade está situada num local favorável, junto ao porto de Faros, e o engenhoso traçado das ruas, concebido pelo rei, faz com que seja atravessada pelo sopro dos ventos etésios (ventos que sopram do noroeste durante o verão e que eram tidos como causadores da cheia do Nilo). Esses ventos sopram sobre as vastas extensões do mar e refrescam o clima da cidade. Assim, o rei proporcionou aos habitantes da cidade um clima temperado e sadio. Ele lançou também as fundações da muralha de contorno, que é de uma dimensão extraordinária e de uma solidez notável. Situada entre o lago e o mar, a cidade possui apenas duas vias de acesso terrestres, estreitas e fáceis de defender. A forma que Alexandre lhe deu é muito semelhante à de uma clâmide

(manto dos soldados macedônios), com uma grande avenida (a via canópica) que corta a cidade quase pela metade, maravilhosa por suas dimensões e por sua beleza. Ela se estende de uma porta à outra num comprimento de quarenta estádios (cerca de 7km) e na largura de um pletro (cerca de 30m). É inteiramente ornada de edificações suntuosas, palácios e templos. Alexandre ordenou ainda que fosse construído um palácio real. Esse grande e imponente prédio é também uma maravilha. Depois de Alexandre, quase todos os reis do Egito até a nossa época (59 a.C.) aumentaram o palácio com construções suntuosas. Em pouco tempo, a cidade adquiriu uma tal extensão que muitos a consideram como a maior do mundo. É verdade que, por sua beleza, suas dimensões, sua riqueza e tudo o que pertence aos prazeres da existência, ela ultrapassa de longe as outras.

Quais são essas "edificações suntuosas" que o visitante da Alexandria de Cleópatra descrevia? Devemos esclarecer que nossa intenção aqui não é descrever exaustivamente os monumentos alexandrinos – a esse respeito podem ser lidos com proveito os livros de P.-H. Fraser e A. Bernand –, mas mostrar sua relação com o reinado de Cleópatra.

O símbolo da cidade era o famoso farol, obra do arquiteto Sostrato de Cnido, filho de Dexifano, considerado como uma das maravilhas do mundo antigo. Iniciadas durante o reinado de Ptolomeu I Soter, as obras só foram concluídas no reinado de Ptolomeu II. A torre em calcário, ornada de elementos em mármore e bronze, dominava a cidade do alto de seus 120m. O fogo que ardia no topo era visível a cem milhas ao largo de Alexandria. Amiano Marcelino (século IV d.C.) afirma, por ignorância, que o farol foi edificado por Cleópatra. Mas não é impossível que o erro do historiador tardio se deva às obras de restauração ordenadas pela rainha.

As escavações submarinas atualmente empreendidas pelo *Centro de Estudos alexandrinos*, dirigido por J.-Y. Empereur, trouxeram à luz os restos do farol, bem como monumentos egípcios que ornavam seus arredores.

O *Sema*, ou túmulo de Alexandre, devia erguer-se em Neápolis, o bairro grego, no centro da cidade. Infelizmente, nenhum testemunho antigo nos descreve esse monumento. Otávio foi até lá homenagear o conquistador, como nos relata Suetônio (*Vida de Augusto*): "Depois que lhe mostraram o sarcófago e o corpo de Alexandre, que foi retirado do túmulo, Otávio homenageou-o depondo em sua cabeça uma coroa de ouro e cobrindo-o de flores" Desde 88, ao que diz Estrabão, os restos mortais do fundador repousavam num sarcófago de vidro ou de cristal, que teria substituído o de ouro, retirado e fundido por Ptolomeu X Alexandre. Flávio Josefo (*Contra Ápion* II) escreve, por sua vez, que Cleópatra teria se apropriado da maior parte das riquezas do túmulo para atender a suas necessidades financeiras. A hostilidade do historiador para com a rainha permite duvidar da realidade dessa afirmação.

Os túmulos dos ptolomeus deviam estar próximos do *Sema*. Otávio não se dignou visitá-los, como fez em relação ao de Alexandre. "Quando lhe perguntaram se queria visitar também os túmulos dos ptolomeus, ele disse que quis ver um rei, não mortos." (Suetônio)

O mausoléu de Cleópatra não ficava muito distante do palácio. Plutarco, que dele nos oferece uma breve evocação, escreve: "Ela (Cleópatra) fez construir junto ao templo de Ísis um túmulo de uma elevação e de uma suntuosidade espantosas". Otávio ordenou que ali fossem colocados os restos mortais da rainha e de Antônio. Como em relação ao *Sema* e aos túmulos dos ptolomeus, não se sabe quando, nem em que condições, esse monumento desapareceu.

Um grande número de templos elevava-se em Alexandria. Muitos eram consagrados a Ísis: na ilha de Faros, havia um santuário dedicado a *Isis Pharia*, isto é, à deusa enquanto protetora do farol. O templo de Ísis, junto ao qual Cleópatra fez edificar seu túmulo, segundo Plutarco, era certamente o do cabo Lóxias, ao norte do bairro real. Mas o maior conjunto religioso da cidade era, sem a menor dúvida, o *Serapeum*, ou templo de Serápis, que dominava a cidade do alto da acrópole de Racótis, no sudoeste de Alexandria. Tratava-se de um dos maiores templos helenísticos. As escavações conduzidas por G. Botti, Th. Schreiber, E. Breccia e A. Rowe conseguiram trazer à luz as fundações e algumas inscrições dedicatórias. A leste do templo de Serápis foi também descoberto um santuário de Harpócrates.[28]

Junto ao grande porto, Cleópatra mandou edificar o *Kaisareion*, onde devia ser honrado não apenas Júlio César, mas também Antônio. Com a dominação romana, o *Kaisareion* passou a ser o *Sebasteion* e foi consagrado a Augusto (*sebastos* é a tradução grega de *augustus*). Dois obeliscos ornavam seus arredores. No final do século XIX, foram transportados um a Londres; o outro, a Nova York, onde são conhecidos pelo nome errôneo de "agulhas de Cleópatra". Na verdade, as *Cleopatra's needles* datam do reinado do faraó Tutmósis III (1504-1450 a.C.).

O palácio real, que Júlio César transformou em fortaleza durante a "Guerra de Alexandria", ficava no noroeste da cidade, nas proximidades do teatro. Tratava-se de um vasto conjunto onde havia não só o palácio, ou os palácios, de Cleópatra, mas também jardins, um porto particular reservado à rainha e as casernas da guarda real.

A famosa biblioteca de Alexandria erguia-se, certamente, em Neápolis. Não é certo que ela tenha sido destruída pelo alastramento do incêndio do grande porto, durante a "Guerra de Alexandria". Somente autores relativamente tardios, como Plutarco, Díon Cássio, Aulo Gelo e Amiano Marcelino, evocam o fato como certo. No *Bellum Alexandrinum* não é feita nenhuma menção a isso. O que não quer dizer que o incêndio não tenha acontecido. Nesse livro, inteiramente composto para a glória de César, compreende-se que seria recomendável passar em silêncio um acontecimento tão deplorável. Mas o mais surpreendente é que Lucano, adversário ferrenho do ditador, não tenha explorado esse tema, do qual poderia tirar proveito quando escreveu a *Farsália*. É possível que a biblioteca tenha sofrido danos apenas parciais. Observemos que Cleópatra preocupou-se em reconstituir ou, simplesmente,

---

28. Deus greco-egípcio do silêncio.

em aumentar seu acervo, já que pediu a Antônio para lhe enviar os livros da biblioteca de Pérgamo.

O Museu ficava ao lado da Biblioteca. Era um centro de pesquisas onde os sábios podiam se hospedar às custas da monarquia. Não conhecemos os nomes dos pensionistas contemporâneos de Cleópatra. O astrônomo alexandrino Sosígenes, chamado a Roma por César, em 46, para organizar o calendário juliano, talvez fizesse parte deles. De fato, Apiano diz que o *imperator* obteve de sua temporada egípcia "um grande número de vantagens para os romanos: entre outras, modificou o calendário". A reforma, que introduziu o ano bissexto, já havia sido tentada no Egito por Ptolomeu III Evérgeta, como lembra o decreto de Canopo (237).

Entre os sábios alexandrinos contemporâneos de Cleópatra, mencionemos o filósofo estóico, amigo de Otávio, Areios, ou Ário, o cético Enesidemo, originário de Creta, que fundou uma escola em Alexandria, assim como o filólogo Dídimo, cognominado *Chalkenteros* ("com entranhas de bronze"), autor particularmente prolixo a quem se atribuem milhares de escritos. Acrescentemos o sofista Filóstrato, "o mais hábil dos filósofos de seu tempo em falar de improviso", segundo Plutarco. Filóstrato foi por certo um amigo próximo de Cleópatra e de Antônio, pois Otávio quis eliminá-lo após a tomada de Alexandria. Mas Areios pediu e obteve do vencedor o indulto do sofista.

O Ginásio, um dos monumentos mais notáveis da cidade, segundo Estrabão, desempenhou uma função particular por ocasião da grandiosa cerimônia organizada por Antônio e a rainha, em 34. Foi também no Ginásio que Otávio fez seu discurso de perdão aos alexandrinos, somente quatro anos após o ato de fundação simbólico do que devia ser o grande império de Cleópatra e de seus filhos. As dimensões do local permitiam que ali se reunisse um público numeroso. Tratava-se também de um centro de cultura e de educação grega, esportivo e literário, dirigido por um *ginasiarca* ("chefe do Ginásio").

Quantos habitantes tinha a cidade?

"Na época em que desembarcamos no Egito", escreve Diodoro de Sicília, "os que faziam o registro da população afirmavam que o número de homens livres chegava a mais de trezentos mil." Apesar dessa aparente precisão, o número indicado pelo historiador não nos é de grande valia. Quem são os "homens livres"? Certamente, a classe dos chamados "cidadãos" de Alexandria. Mas Diodoro conta as mulheres e os filhos desses "cidadãos"? A mesma questão se coloca em relação aos judeus, que eram regidos por sua própria constituição, e também em relação aos egípcios e todos aqueles que não eram escravos.

Não obstante essas incertezas, pode-se calcular que a Alexandria de Cleópatra devia ter entre quinhentos mil e um milhão de habitantes.

II. A administração do país

Esclareçamos que nosso propósito aqui não é estudar, em seu conjunto, a administração do Egito sob os últimos ptolomeus (para isso, ver L. Ricketts), nem descrever a vida cotidiana no país nessa época (ver M. Chauveau). Limitamo-nos a indicar fatos e personagens relacionados com o reinado de Cleópatra.

Lembremos somente que o rei era o proprietário do conjunto das terras do reino. O território era dito *gê basiliké*, ou seja, "terra real". Uma parte dela podia ser concedida (*gê en aphesei*), em particular, a altos funcionários (*gê en dôrea*), aos soldados do exército regular (*gê kleroukhiké*), ou ainda aos templos egípcios (*gê hiera*). No entanto, qualquer que fosse o tipo de terra, era sempre o rei que controlava seu cultivo tendo em vista o maior benefício para o tesouro real. Era esse o objetivo final da administração praticada pelos lagidas, que contavam com uma burocracia onipresente, instrumento de uma exploração econômica em parte planejada.

O *diocete* era quem cuidava da economia e das finanças do reino. Provavelmente, foi Téon, mencionado num decreto do ano 41, que exerceu essa função sob o reinado de Cleópatra (*Mélanges Holleaux*, 1913, p. 103).

O país era dividido em *nomos*, ou departamentos, cujo número varia de 35 a 47, segundo as fontes. Um *estratego* dirigia, em cada *nomo*, a administração local e concentrava os poderes civil e militar. Na época de Cleópatra, um certo número de *estrategos* do Alto-Egito eram egípcios e sucediam-se de pai a filho, como os *nomarcas*, chefes dos *nomos* na época faraônica. Conhecemos o nome de Monkorés por um *graffito* de Medinet-Habu (48 a.C.) e o de Hareméfis, *estratego* do *nomo* Panopolita, graças a uma estela do Cairo (32 a.C.).

Esses *estrategos* tinham como superiores dois *epistrategos*. O primeiro, o *epistratego* da *khôra*, residia em Alexandria e desempenhava a função de ministro do Interior, enquanto o segundo, o *epistratego* de Tebaida, era o responsável pelo Alto-Egito.

Uma estela (W. Dittenberger, *OGI* 190) nos conservou o nome de Calímaco, *epistratego* de Tebaida sob o reinado de Aulete. Calímaco foi promovido a *epistológrafo*, ou secretário da correspondência real, um dos mais altos cargos da corte, no começo do reinado de Cleópatra.

Seu filho, também chamado Calímaco, ocupou o posto de *epistate*, ou chefe da divisão de Tebas do *nomo* Patirita, como nos indica uma estela de Turim (W. Dittenberger, *OGI* 194). Esse documento nos deixa entrever alguns aspectos da vida no Alto-Egito sob Cleópatra: ficamos sabendo que houve uma epidemia de peste e uma fome em 44-43, e que Calímaco fez o melhor possível para lutar contra essas calamidades. Por isso, viu-se coberto de elogios pelos tebanos, seus administrados.

III. O exército de Cleópatra

O exército lagida era constituído de regimentos de cavalaria (hiparquias), comandados por *hiparcas*, e de uma infantaria dividida em regimentos de mil homens (quiliarquias), comandados por *hegemones*. No século III, esses soldados eram principalmente gregos, macedônios, judeus e alguns persas, aos quais se acrescentavam mercenários gauleses e ilírios. É só a partir do final do século III que os egípcios passaram a ser alistados sem distinção. Vestidos como os greco-macedônios, eles participaram da falange da batalha de Raphia, em 217.

Na época de Cleópatra, a fusão entre gregos e egípcios era quase total no exército. Áquila, comandante das tropas do jovem Ptolomeu XIII, tinha origens nativas, apesar do nome grego.

Sob os últimos ptolomeus, os efetivos estavam em baixa. Áquila dispunha de apenas 22 mil homens no começo da "Guerra de Alexandria". Estamos longe dos setenta mil soldados (sete mil cavaleiros, 48 mil infantes, além dos mercenários) alinhados, segundo Políbio, por Ptolomeu IV em Raphia.

Mas o fato verdadeiramente novo é a presença de tropas romanas no solo egípcio. Em 55, as legiões de Gabínio penetraram no Egito para recolocar Aulete no trono. O exército nacional greco-egípcio foi esmagado sem grande dificuldade. Os "gabinianos" continuaram, a seguir, servindo o rei. Instalaram-se no Egito, onde receberam terras em troca de seus serviços, tornando-se soldados-colonos, chamados *clerucos*, ou ainda *katoikoi* a partir do século II. Por esse sistema, os ptolomeus permitiram a criação de uma classe privilegiada de proprietários de terras, implantados no território egípcio, que deviam em troca formar um exército fiel e devotado à monarquia. Os privilégios só aumentaram, pois a terra, de início simplesmente concedida pelo rei, no século I a.C. passou a ser transmissível por herança.

Quinhentos "gabinianos" juntaram-se às tropas de Pompeu em 50, por ordem da rainha, enquanto outros recusaram-se a responder ao apelo de Bíbulo, o procônsul da Síria, e revoltaram-se. Estes últimos combateram com Áquila contra César. O *imperator*, por sua vez, ao sair do Egito, deixou três legiões que deviam assegurar a proteção da rainha.

Cleópatra as enviou a Dolabella, em 43, mas as tropas bandearam-se para o lado de Cássio.

As tropas greco-egípcias dos últimos ptolomeus oferecem a imagem de um exército que, em plena decadência, perdeu a notável eficácia que havia demonstrado no século III a.C. Aulete e Cleópatra contaram principalmente com as tropas romanas para a defesa de seus interesses. Assim, não surpreende que a rainha, como sugere Plutarco, tenha podido ordenar a seu oficial Seleuco entregar sem resistência a fortaleza de Pelusa a Otávio.

Somente a frota de Cleópatra podia ainda impressionar. Daí seu apoio ter sido cobiçado primeiro por Cneu Pompeu, que obteve vinte navios, depois por Cássio e Dolabella. No Áccio, porém, esse poderio naval lagida se revelaria tão ilusório quanto o aparente renascimento do grande império dos ptolomeus por ocasião da cerimônia do Ginásio.

Cleópatra não soube ou não buscou reorganizar o exército greco-egípcio, confiando apenas, para chegar a seus fins, nas legiões romanas.

IV. Os contemporâneos greco-egípcios da rainha

Damos aqui, para recapitular, e excluindo o séquito real, os principais nomes citados nas fontes literárias e epigráficas.

Areios, ou Ário, filósofo estóico, nascido em Alexandria, amigo de Otávio. Obteve do vencedor o indulto de Filóstrato.
Calímaco, *epistratego* de Tebaida sob Aulete, promovido a *epistológrafo* no começo do reinado de Cleópatra.
Calímaco, filho do precedente, *epistate* de Tebas.
Dídimo, dito *Chalkenteros* ("com entranhas de bronze"), filólogo e autor de milhares de obras.
Enesidemo, filósofo cético, nascido em Creta, instalado em Alexandria, onde criou uma escola.

Filóstrato, mestre de retórica e sofista. Comprometeu-se certamente com os luxos da corte, pois Otávio quis eliminá-lo em 30. Filóstrato foi salvo graças à intercessão de Areios.

Hareméfis, egípcio, estratego do *nomo* Panopolita, em 32.

Monkorés, egípcio, estratego no Alto-Egito em 48.

Petubastes-Imutés (46-30), filho de Psenptaís, grande sacerdote de Ptah, em Mênfis.

Psenptaís (90-41), grande sacerdote de Ptah em Mênfis, coroou Aulete em Alexandria, em 76.

Seleuco, comandante da fortaleza de Pelusa, em 30.

Serapião, governador do Chipre, em 44-41.

Sosígenes, astrônomo alexandrino, inventor do calendário juliano, em 46.

Téon, *diocete*, em 41(?).

V. Graves dificuldades econômicas

O sistema de exploração econômica do Egito, criado pelos primeiros ptolomeus, estava ainda em vigor no século I a.C. Diodoro de Sicília (livro XVII) nos diz que Ptolomeu XII Aulete "tirava do Egito rendimentos superiores a seis mil talentos". Segundo Cl. Préaux (*Le monde hellénistique*, 2 vol., Paris, 1978), esse montante poderia corresponder à sexta parte do conjunto dos salários dos cerca de três milhões de trabalhadores do Egito ptolemaico, para uma população de seis a sete milhões de habitantes. Portanto, tratava-se de rendimentos consideráveis que faziam do Egito um reino rico.

Contudo, a riqueza do soberano e os luxos da corte não devem ocultar a realidade, bem mais pobre, do campo. A situação interna do país começou a deteriorar-se no final do século III a.C. Queixas e petições endereçadas ao rei – conservadas em papiro – denunciam os abusos de poder da parte de funcionários e clerucos. Apesar de alguns casos levados à justiça e de algumas condenações, esses últimos aparecem, cada vez mais, como classe privilegiada pela monarquia, interessada em assegurar sua fidelidade.

Assim, revoltas do povo contra a opressão econômica se alastraram no século II a.C., instaurando no país um estado de guerra civil. Camponeses rebeldes passaram a queimar simbolicamente seus contratos e a abandonar as terras, recusando-se a cultivá-las. Reunidos em grupos armados, eles subsistiam atacando templos e aldeias, enquanto o rei enviava sua polícia e suas tropas para reprimi-los. As guerrilhas cessaram no final do reinado de Ptolomeu V Epifânio (203-181), mas recomeçaram com a desorganização causada pela invasão selêucida (170) e também pelos conflitos incessantes entre os membros da família real.

Nos séculos II e I a.C., a pobreza do campesinato aumentou devido à desvalorização da moeda egípcia. Os ptolomeus haviam desenvolvido no Egito a circulação monetária, muito excepcional anteriormente. Mas a crise do final do século III ocasionou uma reforma do sistema: em vez das moedas de prata, metal ausente no Egito, generalizou-se no país, com exceção de Alexandria, a circulação de moedas de bronze. Foi decretada entre os dois metais a seguinte equivalência: uma dracma de prata valia sessenta dracmas de bronze. O bronze conheceu então uma inflação que fez aumentar os preços no país. Várias desvalorizações foram consentidas, depreciando sempre um pouco mais o valor do bronze.

Para enfrentar a crise após seu restabelecimento no poder, em 55, Ptolomeu XII Aulete decidiu desvalorizar a dracma de prata, diminuindo em dois terços o valor do metal precioso (de 90% a 33%).

Cleópatra tentou deter a inflação do bronze estabilizando a equivalência em 480 dracmas de bronze para uma dracma de prata. Novas moedas de 80 e 40 dracmas foram introduzidas, funcionando como óbolos (o óbolo vale 1/6 de dracma) e semi-óbolos (1/12 de dracma) em relação às dracmas de prata.

Capítulo VIII
O MITO DE CLEÓPATRA

Cleópatra não é apenas uma personagem histórica: ela adquiriu igualmente, após sua morte, da época romana aos nossos dias, a condição de figura mítica. É esse mito, e não mais a história da rainha, que vamos examinar neste último capítulo.

I. A "beleza" de Cleópatra

O mito de Cleópatra deve-se muito à suposta beleza da rainha. Mas Cleópatra era realmente bela? Se os retratos da jovem rainha (fig. 1), aos quais corresponde a cabeça em mármore de Berlim, nos revelam um rosto de um encanto particular, notemos que as representações posteriores (fig. 4 e 5) são marcadas por uma dureza incompatível com a sedução.

Plutarco escreveu: "Sua beleza, considerada em si mesma, não era, dizem, incomparável a ponto de arrebatar de espanto e de admiração logo à primeira vista. Mas sua presença possuía tantos atrativos que era impossível resistir a ela. Os encantos do seu rosto, sustentados pela sedução das palavras e por todas as graças que podem emanar do mais afortunado caráter, deixavam feridas profundas. Sua voz era de uma doçura extrema".

Plutarco nos pinta o retrato de uma verdadeira sedutora, não bela, propriamente falando, porém, mais do que bela, irresistivelmente perturbadora por sua personalidade fora do comum. Segundo o moralista, a grande cultura da rainha também teria contribuído muito para o seu atrativo. Ele nos apresenta Cleópatra como uma poliglota consumada: "Sua língua, que usava com grande facilidade, como um instrumento de várias cordas, pronunciava igualmente bem várias línguas diferentes. Assim, eram poucos os povos aos quais ela se dirigia por intermédio de um intérprete. Respondia aos etíopes, aos trogloditas (população africana), aos hebreus, aos árabes, aos sírios, aos medos e aos partos na língua deles. Dizem que sabia também várias outras línguas, enquanto os reis do Egito, seus predecessores, só haviam podido aprender com grande dificuldade o egípcio, alguns deles tendo mesmo esquecido o macedônio, sua língua materna".

II. A mulher fatal

As fontes antigas, sem exceção, nos apresentam o encanto da rainha como responsável pela perdição de Antônio. Cleópatra encarna, desde a Antigüidade, a mulher sedutora, corruptora e destruidora de homens. Sereia demoníaca, "vamp" da Antigüidade, ela atrai a seu palácio, para levá-los à perdição, os poderosos da época.

É assim que, segundo Plutarco, ela "se apoderou do espírito de Antônio" que "se deixou arrastar (...) a Alexandria" onde perdeu, em meio aos prazeres oferecidos pela rainha, seu tempo e o senso dos seus deveres.

Segundo Díon Cássio, "caído de amores por Cleópatra, que havia visto na Cilícia, ele não teve mais nenhum cuidado com a honra, tornou-se o escravo da egípcia e dedicou todo o tempo a seu amor. Essa paixão o fez cometer muitos atos insensatos (...) até ser completamente aniquilado". O historiador acusa mesmo a rainha de corromper seu séquito. "Ele (Antônio) pareceu ter perdido a razão sob a influência de Cleópatra e de suas práticas de feitiçaria. De fato, ela fascinava não somente Antônio, mas também os outros romanos que tinham poder junto a ele, atraindo-os a si por um charme tão poderoso que ela podia esperar reinar inclusive sobre os romanos." Esse tema é amplificado pelo autor, desconhecido, do *De viris illustribus*: "Era tão bela que muitos homens pagaram com a vida o favor de passar uma noite com ela". A rainha cruel metamorfoseia-se aqui em "devoradora de homens".

No resumo do livro 130, de Tito Lívio, Cleópatra é mostrada como indiretamente responsável pelo fracasso militar do seu amante na Ásia. "Além da guerra contra os partos, que empreendeu sob tão maus auspícios, ele teve de enfrentar também a hostilidade do clima por sua própria culpa, porque, na pressa de juntar-se a Cleópatra (*dum ad Cleopatram festinat*), não quis passar o inverno na Armênia." Do mesmo modo, no seu livro 131, o historiador mostra o *triúnviro* "prisioneiro do seu amor por ela" (*captus amore eius*).

Os historiadores antigos, portanto, seguem a linha da propaganda otaviana, que buscava apresentar Antônio como um irresponsável e um incapaz, cego de paixão. Essa visão caricatural desempenhou, ao mesmo tempo, um papel considerável na elaboração do mito da rainha-feiticeira. Ao condenar Cleópatra, tendo em vista as necessidades políticas do momento, a propaganda de Otávio alimentou, posteriormente e de forma duradoura, fantasias nas quais se mesclavam o erotismo e a morte.

III. A "insaciável"

Não é involuntariamente que Cleópatra seduz. Muito pelo contrário, Díon Cássio a descreve como uma excelente atriz, com plena posse de seus recursos, utilizando a sedução como uma arma para chegar a seus fins. É que a rainha seria, antes de tudo, extremamente ambiciosa e insaciável. Escutemos Flávio Josefo: "Seu desejo de riquezas era tão grande que tudo lhe parecia permitido para adquiri-las. Sua ambição era tão desmedida que mandou aprisionar o irmão, de quinze anos, a quem o reino pertencia, e obteve de Antônio que Arsínoe, sua irmã, fosse morta quando estava em Éfeso, no santuário de Artemis. Cleópatra não temia violar a santidade dos templos, dos túmulos e dos asilos quando deles esperava poder tirar dinheiro. Não tinha o menor escrúpulo de cometer sacrilégios quando lhe fossem úteis. Não via nenhuma diferença entre o que era sagrado e o que era profano quando se tratava do seu interesse. Não hesitava em calcar aos pés a justiça, se podia obter alguma vantagem nisso. E todos os tesouros da terra não teriam sido suficientes para satisfazer essa rainha suntuosa e voluptuosa".

Díon Cássio retém esse caráter insaciável entre os traços essenciais de Cleópatra na breve conclusão que acompanha a evocação do suicídio da rainha: "Cleópatra, insaciável de prazer, insaciável de riquezas, deu, muitas vezes, provas de uma louvável ambição, mas também de um arrogante desprezo. Recebeu o reino do Egito por amor e, esperando conquistar o domínio de Roma por esse mesmo meio, acabou perdendo ambos. Ela dominou os dois romanos mais poderosos do seu tempo e suicidou-se por causa do terceiro".

Plínio, o Antigo, nos conta uma anedota mais do que duvidosa sobre a insaciável rainha. Cleópatra teria apostado com Antônio devorar, numa única refeição, dez mil sestércios [moeda de cobre romana].

> Ela fez servir um jantar suntuoso (...) mas ordinário. Como Antônio zombasse dela e lhe pedisse conta de seus gastos, a rainha respondeu que aquilo era só um antepasto, que o jantar custaria o preço combinado e que ela comeria sozinha dez mil sestércios. Encomendou então o segundo serviço. Seguindo suas instruções, os serviçais depuseram diante dela um vaso repleto de um violento vinagre, cuja acidez dissolve pérolas. (...) Quando Antônio lhe perguntou o que ia fazer, ela tirou uma das pérolas (Cleópatra usava nas orelhas as duas maiores pérolas então conhecidas), a mergulhou no vinagre e, quando esta se dissolveu, a engoliu.

IV. A rainha e os poetas latinos

De um modo geral, os historiadores antigos condenam Cleópatra. O mais conciliador é Díon Cássio, que reconhece a "louvável ambição" que a rainha demonstrou, enquanto

Flávio Josefo mostra-se particularmente duro em suas acusações. Este último, porém, nunca se entrega à calúnia, como fizeram alguns poetas latinos da época de Augusto e do século I d.C.

Horácio (65-8 a.C.) evoca em suas *Odes* (I, 37) "uma rainha demente" que "preparava a ruína do Capitólio e os funerais do império, com seu rebanho malsão de homens infames, incapaz de conter seus desejos e embriagada pelas doçuras da Fortuna. Mas ele fez diminuir seu furor, o único de seus navios que mal se salvou das chamas, e César (Otávio) reduziu a verdadeiros temores seu espírito enlouquecido pelo vinho mareótico; acelerando a cadência dos remos, enquanto ela fugia da Itália, e como o gavião que persegue as pombas ou o hábil caçador, a lebre, nas planícies nevadas da Hemônia (na Tessália), ele quis encadear esse monstro fatal".

O poeta, no entanto, não deixa de admirar a coragem que a rainha demonstrou na derrota e a heróica beleza do seu suicídio. "Querendo morrer mais nobremente, ela não teve o medo das mulheres diante da espada e não buscou alcançar, com sua frota ligeira, praias escondidas; ousou olhar com a face serena seu palácio vencido e, corajosa, tocou serpentes irritadas para que seu corpo absorvesse o negro veneno, a vontade de morrer tornando-a mais intrépida; não quis que embarcações cruéis a conduzissem a um orgulhoso triunfo [de Otávio], ela, a grande dama destronada."

Para Virgílio (70-19 a.C.), porta-voz, na *Eneida* (VIII), de um ódio ao Oriente típico dos meios romanos tradicionalistas, é a "esposa egípcia" que constitui uma "abominação". "Antônio, com suas tropas bárbaras e suas armas de todo tipo (...) transporta com ele o Egito e é acompanhado, ó abominação! de uma esposa egípcia."

Mas é Propércio (47-15 a.C.) que, em suas *Elegias* (III, 11), acusa a rainha com mais virulência.

"Que dizer dessa mulher que outrora trouxe a vergonha às nossas armas, dessa mulher fatal que se oferecia (*femina trita*) a seus escravos, e que em troca de favores exigia do esposo impudico que lhe abrisse as portas de Roma e colocasse sob seu domínio o Senado? Fatal Alexandria, país fértil em ardis. E tu, Mênfis, que tantas vezes nossas desgraças ensangüentaste, foi em teu solo, em tua praia, que Pompeu teve arrebatados seus três triunfos! (...) Sim, a rainha meretriz (*regina meretrix*) da incestuosa Canopo – marca vergonhosa para o sangue de Filipos – pretendeu opor ao nosso Júpiter seu Anúbis ladrador, forçar o Tibre a sofrer as ameaças do Nilo, expulsar a trombeta romana ao som penoso do sistro (instrumento do culto de Ísis)."

Poemas desse tipo estão na origem do tema da prostituta coroada que encontramos no *De viris illustribus*: "Ela (Cleópatra) era tão perversa que, muitas vezes, se prostituiu". No poeta Juvenal (65-28 a.C.), que ataca as mulheres em sua sexta *Sátira*, foi à imperatriz Messalina que coube esse papel pouco lisonjeiro.

É nas obras dos poetas da época augustana, portanto, que os temas da propaganda de Otávio encontram seu mais violento eco. De uma maneira mais geral, a condenação da Cleópatra "egípcia" mistura o ódio ao Oriente com a misoginia. A rainha confunde-se com o Egito, antítese de Roma, que ela encarna. O "monstro fatal" de Horácio e a "fatal Alexandria" de Propércio representam uma única e mesma ameaça às virtudes latinas. É como se todos os temores dos romanos do final do século I a.C. se materializassem na personagem de Cleópatra: medo do estrangeiro, do Oriente desconhecido, da mulher superior e dominadora. Parece-nos revelador, também, que Horácio, Virgílio e Propércio nunca citem o nome de Cleópatra em suas obras. Numa outra época, teríamos falado em tabu.

Lucano, poeta do século I d.C. (39-65), evoca, na *Farsália*, a figura de Cleópatra de uma maneira sensivelmente diferente. Apesar da condenação em regra que é feita pelo poeta, notamos que o fascínio prevalece sobre o ódio. Os versos 136 a 154 do livro X da *Farsália* constituem uma das mais belas páginas antigas sobre Cleópatra. Assistimos ao banquete que deve selar a reconciliação da rainha e de seu irmão-esposo, no palácio de Alexandria, em 48 a.C. Mas é principalmente César que a jovem rainha busca seduzir com o luxo que exibe aos olhos do *imperator*.

> O casal real e César, poder superior, estão estendidos em leitos; ela realçou, com a pintura, a beleza malévola do rosto. Não contente com seu cetro nem com o do seu irmão-esposo, coberto com os despojos do mar Vermelho, Cleópatra exibe tesouros no pescoço e na cabeleira, penando sob o peso dos enfeites. Os seios atraentes aparecem através do tecido de Sídon, cujos fios, atados pelo pente dos seres (os chineses), estão abertos e soltos num véu. Ali, sobre presas de marfim, foram postas mesas redondas talhadas na madeira das florestas do Atlas, como César nunca viu mesmo após a captura de Juba. Que loucura cega, que ambicioso delírio ostentar suas riquezas diante de um chefe de guerras civis e inflamar o espírito (*incendere mentem*) de um hóspede armado!

A cena que o poeta se compraz em descrever é digna das *Mil e uma noites*. Aqui encontramos, misturadas, diversas referências a regiões exóticas, da África do Norte ao Extremo Oriente: o Atlas que corresponde ao atual Marrocos, a cidade fenícia de Sídon, hoje no Líbano, o mar Vermelho, a África negra de onde provêm as presas de elefantes, e mesmo a China, país dos seres que trabalham a seda. Cleópatra aparece assim como um concentrado de exotismo. O medo e os lugares comuns moralizadores sobre sua "beleza malévola" parecem se apagar ante o fascínio dos prazeres estranhos e monstruosos a que ela nos convida. No século I d.C., Cleópatra não é mais um assunto da atualidade. O mito começou a fazer seu caminho, e o ódio transformou-se em fantasia.

V. Cleópatra na literatura da Idade Média ao século XX

A personagem de Cleópatra conheceu uma rica posteridade literária. Também se modificou e foi adaptada aos gostos de cada época. Propomo-nos aqui acompanhar rapidamente sua evolução da Idade Média aos nossos dias.

Evidentemente, é no *Inferno* de sua *Divina Comédia* que Dante (1265-1321) coloca "Cleópatra, a luxuriosa" (*Poi è Cleopatras lussurïosa – Inferno*, V, 63).

Várias tragédias do século XVI, inspiradas no relato de Plutarco, põem em cena a rainha, admirável, queixosa e patética. É o caso da *Cleópatra cativa* de E. Jodelle (1552) e do *Marco Antônio* de R. Garnier (1574).

Mas é W. Shakespeare que compõe a mais célebre peça teatral consagrada à rainha: *Antônio e Cleópatra* (*Antony and Cleopatra*, 1607). Nesse drama de amor, a história, embora onipresente, é relegada a segundo plano. Antônio e Cleópatra são Romeu e Julieta envelhecidos, que não conseguem se separar ("Preciso me afastar", diz Antônio, "dessa rainha enfeitiçadora") e às vezes reprovam cruelmente seu passado: "Eu te encontrei como um resto de comida fria no prato de César morto", lança o triúnviro à rainha, depois da batalha do Áccio.

O século XVII francês fez de Cleópatra uma nobre dama: princesa amaneirada na tragédia de Bensérade (*Cléopâtre*, 1634) e no longo romance de La Calprenède (*Cléopâtre*, 1646), generosa heroína corneliana em *La mort de Pompée* (A morte de Pompeu, 1643).

Lembremos também a famosa silepse de Pascal: "Se o nariz de Cleópatra tivesse sido mais curto, a face inteira da Terra teria mudado".

J.-F. Marmontel (*Cléopâtre d'après l'histoire*, 1752) empreendeu reabilitar a rainha, distanciando-se dos "historiadores latinos" que "assumiram a tarefa de denegrir Cleópatra".

No século XIX, a personagem de Cleópatra sofre uma profunda mudança: a nobre rainha volta a ser a mulher fatal das fontes antigas, ao contrário dos romancistas e poetas modernos, que se abstinham de quaisquer considerações moralizadoras.

Em suas *Noites egípcias* (1837), Pushkin retoma o tema da mulher-aranha, ou devoradora de homens, que mata seus amantes depois do amor. A *Nuit de Cléopâtre* (Noite de Cleópatra, 1838), de Th. Gautier, nos mostra uma rainha voluptuosa, cruelmente indiferente e desprovida de senso moral. Dançando diante de Meïamoun, seu amante, a jovem rainha se transforma numa Salomé egípcia.

> Cleópatra levantou-se do trono, retirou o manto, substituiu o diadema sideral por uma coroa de flores, ajustou as cascavéis de ouro em suas mãos de alabastro e pôs-se a dançar diante de Meïamoun, perdido de êxtase. Seus belos braços, arredondados como as alças de um vaso de mármore, sacudiam acima da cabeça cachos de uvas resplandecentes e suas cascavéis sibilavam com uma volubilidade crescente. Sustentada pela ponta avermelhada dos pezinhos, ela avançava rapidamente e vinha roçar um beijo na fronte de Meïamoun, para depois recomeçar seus volteios e girar em torno dele, ora curvando-se para trás, com a cabeça virada, os olhos semicerrados, os braços desfalecidos e mortos, os cabelos soltos como uma bacante do monte Mênalo agitada por seu deus; ora ligeira, viva, risonha, borboleteante, infatigável e mais caprichosa em seus movimentos do que a abelha sugando o pólen. O amor do coração, a volúpia dos sentidos, a paixão ardente, a juventude inesgotável e fresca, a promessa de felicidade próxima, ela expressava tudo.

Mas, aqui também, o erotismo se paga com a morte.

É ainda o fracasso e a morte que constituem o final dos sonetos do tríptico consagrado a Antônio e Cleópatra nos *Trophées* [Troféus] de J.-M. de Heredia (1884).

> E seus olhos não viram, presságio da sorte,
> desfolhando a seu lado rosas na água escura,
> os dois filhos divinos, o Desejo e a Morte.[29]

> E, sobre ela curvado, o ardente *Imperator*
> viu em seus largos olhos estrelados de ouro
> todo um mar imenso onde fugiam galeras.[30]

---

29. Em francês, no original: "Et ses yeux n'ont pas vu, présage de son sort,/ Auprès d'elle, effeuillant sur l'eau sombre des roses,/ Les deux enfants divins, le Désir et la Mort." (*Le Cydnus*)

30. Em francês, no original: "Et sur elle courbé, l'ardent Imperator/ Vit dans ses larges yeux étoilés de points d'or/ Toute une mer immense où fuyaient des galères." (*Antoine et Cléopâtre*)

Evidentemente, é às galeras do Áccio que o poeta se refere.

Mencionemos ainda a peça de V. Sardou (*Cléopâtre*) cuja representação em 1890, com Sara Bernhardt no papel da rainha do Egito, obteve o maior sucesso.

No século XX, reencontramos os últimos avatares orientalizantes de Cleópatra. Em *Cléopâtre*, díptico formado de dois sonetos (*Au jardin de l'Infante*, 1912), A. Samain descreve a rainha como uma jovem virgem que oferece ao céu a nudez do seu corpo. Acrescentemos um soneto de P. Louÿs, igualmente intitulado *Cléopâtre* (*Poésies*, 1927). Mas são imagens que seguem sendo muito "*fin de siècle* XIX".

Já Bernard Shaw, em sua peça *Caesar and Cleopatra* (1901), propõe uma nova imagem da rainha do Egito. Ao contrário de todas as tradições, ele faz dela uma jovem coquete e ingênua, espécie de "Lolita" que se deixa educar pelo velho ditador.

Por fim, em *Reis alexandrinos* (1912), C. Cavafy, poeta de língua grega e nascido em Alexandria, transpõe à sua maneira a cerimônia do Ginásio.

> O povo de Alexandria reuniu-se para ver os filhos de Cleópatra, Cesário e seus irmãos, Alexandre e Ptolomeu, que, pela primeira vez, eram levados ao Ginásio para serem proclamados reis diante do soberbo alinhamento dos soldados.
>
> Alexandre foi nomeado rei da Armênia, da Média e dos partos, e Ptolomeu, rei da Cilícia, da Síria e da Fenícia. Cesário estava um pouco à frente, vestido de seda rosa. No peito, um buquê de jacintos; na cintura, uma dupla fileira de safiras e ametistas; botas com laços brancos, bordados de pérolas róseas. Ele foi revestido de uma dignidade superior à dos irmãos, pois o proclamaram Rei dos Reis.
>
> Certamente, o povo de Alexandria percebia que tudo aquilo eram apenas palavras e efeitos teatrais.
>
> Mas o dia era quente e belo, o céu de um azul claro; o Ginásio de Alexandria, um êxito triunfal da arte. Extremo era o luxo dos cortesãos, e Cesário irradiava graça e beleza (filho de Cleópatra, sangue dos lagidas). Então, o povo de Alexandria acorreu à festa, se entusiasmou e lançou aclamações em

grego, em língua egípcia, às vezes em hebraico, fascinado pelo belo espetáculo, embora soubesse muito bem o que valia tudo aquilo e quão vazios eram os títulos daqueles reis. (A partir de uma tradução do grego ao francês de M. Yourcenar e C. Dimaras, ed. Gallimard, 1958.)

VI. Os biógrafos modernos

Os historiadores e autores modernos de biografias de Cleópatra nos oferecem, às vezes, uma interpretação muito subjetiva da personagem histórica. Alguns manifestam abertamente sua reprovação, como A. Bouché-Leclerq (*Histoire des Lagides*, 1904) que, em nome das "mulheres de bem", condena "a bela, ambiciosa e impudente cortesã que, como uma flor venenosa brotada num ramo enfermiço, seria a última glória e a última desonra da casa dos lagidas".

Outros se deixam guiar por suas próprias fantasias em belas páginas antológicas. Assim, para O. de Wertheimer (*Cléopâtre*, ed. Payot, 1935), a rainha "aparece como a suprema encarnação do eterno feminino, doce e cruel enigma votado pela natureza a colorir a vida com uma graça divina ou a destruí-la". Eis aqui uma passagem particularmente brilhante em que ele apresenta um retrato da rainha: "Cleópatra possuía, no mais alto grau, o dom que distingue o gênio e o eleva acima da média dos homens, o dom de transmitir seu sopro, de criar a vida. (...) Uma corrente elementar e propriamente divina percorria o ser de Cleópatra, tudo nela era percepção e movimento, tudo nela via, escutava, esperava e depois ordenava, agia. É difícil imaginar, à distância, o charme que emanava como de uma fonte do jogo mutável de seus sentimentos e de suas idéias. Um poderoso atrativo devia nascer também do contraste de sua doçura e de seu ímpeto, de sua graça e de sua exuberância. Impossível, junto dela, conhecer o tédio, tanto no amor quanto nos assuntos do governo. Há mulheres que parecem feitas para dar alegria, mas indiferentes a tudo o que não é amor, mulheres em quem a noite parece preencher e esgotar todas as faculdades. Outras são excelentes companheiras quando se trata de dividir a tarefa, mas a chama de Eros não lhes pertence. Têm um belo corpo, mas não têm cérebro; ou têm espírito, mas são feias. Na maioria delas, pomos os dedos nas teclas e muitas cordas permanecem mudas. Cleópatra era um mundo de harmonia: maravilhosa amante, soberana inteligente, mulher até a ponta das unhas, ela satisfazia todos os desejos da noite e todas as exigências do dia".

Por fim, A. Weigall (*Cléopâtre, sa vie et son temps*, 1936) faz da rainha uma excitada jovem lunática: "De caráter juvenil, de temperamento arrebatado e freqüentemente irrefletida, ela gozava a vida e assumia com candura todos os prazeres que lhe propunham. Seu coração imoderado saltava da alegria à tristeza, da comédia à tragédia, com uma desenvoltura desconcertante, e, com suas mãos pequenas, ela agitava em torno de si a trama das circunstâncias complexas, como um manto tecido de sombra e de luz".

VII. Cleópatra na pintura e na escultura

Muitos são os pintores que se ocuparam da rainha do Egito. Um tema seguidamente tratado é o encontro de Antônio e Cleópatra. É o caso de um afresco do Palazzo Labbia, em Veneza, obra de G. Tiepolo (1743-1744), no qual, distante de toda a verdade histórica, uma rainha loura, de pele leitosa, se exibe ornada de jóias e roupas que correspondem aos gostos da época. Tiepolo é também o autor de um *Banquete de Cleópatra* (Paris, Museu Cognac-Jay) que a rainha, tratada segundo os mesmos cânones, preside em companhia do triúnviro fascinado. Mencionemos ainda *Antônio e Cleópatra* de L. Alma-Tadema (coleção particular, 1883) que se inspira, desta vez, nos perfis monetários da rainha.

Mas o tema mais freqüentemente ilustrado pelos pintores é a morte de Cleópatra. Citaremos aqui apenas alguns exemplos entre os mais célebres. A. Bellucci (museu de

Clermont-Ferrand, cerca de 1700) nos faz assistir ao suicídio de uma loura veneziana, enquanto J.-B. Regnault (coleção particular, fim do século XVIII) nos mostra uma mulher galante, rechonchuda, que a morte, sob a forma de uma fina serpente, não parece assustar muito. Para J.-A. Rixens (Toulouse, Musée des Augustins, 1874), Cleópatra, cujo cadáver jaz em meio a um cenário exclusivamente egípcio, tem o rosto de uma moura de harém. H. Makart (Kassel, Staatliche Museen, 1875) pinta uma odalisca egípcia acompanhada de suas duas servas agonizantes, estendida em meio a um caótico conjunto de tapetes, tecidos e peles de animais. Por fim, encontramos em J. Collier (Oldham Art Gallery, 1890) uma composição menos atormentada, em que os corpos de Cleópatra, Iras e Charmian aparecem sob véus transparentes, realçados pela obscuridade do palácio representado ao fundo.

Em todas essas obras, há um erotismo manifesto, autorizado pelo pretexto histórico. Por outro lado, como no final do soneto de Heredia, Eros está sempre acompanhado de Tânatos, o Desejo associado à Morte. Daí o contraste explorado em muitas composições que jogam, precisamente, com a antítese entre a serpente de carne viscosa e a doçura frágil do corpo feminino. Disso resulta uma certa crueldade, uma espécie de sadismo artístico. A presença do réptil também relaciona o mito de Cleópatra com a Eva bíblica.

O encontro de Cleópatra e de Júlio César inspirou J.-L. Gérôme (coleção particular, 1866) numa composição em que o siciliano Apolodoro torna-se um robusto escravo núbio cuja musculatura bronzeada contrasta com a feminilidade rechonchuda da jovem rainha.

A. Cabanel (Anvers, Musée royal des Beaux-Arts, 1887) transpõe uma passagem da *Vida de Antônio*, na qual Plutarco nos diz que Cleópatra experimentou venenos em prisioneiros. A obra nos mostra uma rainha jovem, vestida à egípcia, ao mesmo tempo soberba, despótica, cruel e indiferente, que olha, sem emoção, a agonia de um condenado à morte. Nas fantasias orientalistas *fin de siècle*, a crueldade, o erotismo e a morte aparecem indissoluvelmente ligados.

Mencionemos, enfim, a aquarela de G. Moreau, intitulada *Cleópâtre* (Paris, museu do Louvre, cerca de 1887). A rainha, com o olhar perdido ao longe, aparece sentada no trono, no centro de uma composição melancólica e crepuscular.

Cleópatra foi também representada na escultura. H. Ducommun du Locle (Marselha, musée des Beaux-Arts, 1853-1854) é o autor de uma *Cleópatra* que se prepara para morrer. Somente o leito no qual repousa a rainha lembra o Egito: o corpo, o rosto e o drapeado pertencem ao estilo neoclássico. Quanto à *Cléopâtre allongée* [Cleópatra estendida] de D.H. Chiparus (coleção particular, 1925), ela nos é mostrada como uma jovem beldade de cabaré, recostada num divã.

VIII. Na música e no cinema

Existem cerca de setenta óperas dedicadas a Cleópatra. Citemos, entre outras, G. Scarlatti (1760), D. Cimarosa (1789), P. Benoît (1889), J. Massenet (representação póstuma em 1914), O. Strauss (1923), G.F. Malipiero (1938) e S. Barber (1966). Algumas dessas obras se baseiam em *Antônio e Cleópatra* de Shakespeare. Uma menção particular pode ser feita à música de cena escrita por Fl. Schmitt em 1919, para acompanhar o drama de Shakespeare traduzido por André Gide. Duas suítes para orquestra foram compostas, cada uma comportando três episódios: "Antônio e Cleópatra", "O acampamento de Pompeu" e "A batalha do Áccio", na primeira; "Noite no palácio da rainha", "Orgias e danças" e "O túmulo de Cleópatra", na segunda.

A rainha é também uma das principais personagens do *Giulio Cesare* de G.F. Haendel (1724). Estamos em Alexandria, no ano 48 a.C., César desembarca e recebe, ao mesmo tempo, a hospitalidade egípcia e a cabeça de Pompeu. Para seduzir o *imperator*, e diferentemente da tradição, Cleópatra se apresenta de início como uma certa Lídia, dama de honra da rainha. A ópera termina com o triunfo dos amantes.

H. Berlioz também compôs, em 1827, para o Prêmio de Roma, uma cantata intitulada *Cleópatra*, na qual sombrias harmonias acompanham uma invocação aos espíritos da morte. A obra foi julgada muito audaciosa pelo júri.

O cinema não tardou a se apoderar da personagem de Cleópatra, encenada em uns vinte filmes, pelo menos, desde 1899. Podemos citar o *Cleopatra* mudo de J.G. Edwards (1917), com a provocante Theda Bara no papel da rainha. Em 1934, Cecil B. De Mille escolheu Claudette Colbert para encarnar Cleópatra. "*Cleopatra, a love affair that shook the world set in a spectacle of thrilling magnificence*" (Cleópatra, uma história de amor que abalou o mundo, apresentada num espetáculo de incrível magnificência"), dizia, com razão, o cartaz do filme. Foi Vivian Leigh quem desempenhou o papel da jovem rainha em *Caesar and Cleopatra* de G. Pascal (1945), filme adaptado da peça de Bernard Shaw.

A obra-prima cinematográfica sobre a rainha do Egito continua sendo, indiscutivelmente, *Cleópatra*, de Joseph L. Mankiewicz (1963). Elizabeth Taylor encarna maravilhosamente uma Cleópatra sedutora e inteligente, diante de um Júlio César interpretado por Rex Harrison e um Antônio vivido por Richard Burton. Somas colossais foram gastas pela 20th Century Fox para a reconstituição dos luxos da corte de Alexandria. O espetáculo exagera mesmo a realidade histórica, como no momento da grandiosa e tumultuosa entrada em Roma da rainha e do seu filho, pontificando sobre uma esfinge imensa puxada por dezenas de escravos.

Mas Cleópatra também foi lançada com sucesso nas histórias em quadrinhos, com o álbum *Astérix et Cléopâtre* (1965), de R. Goscinny e A. Uderzo, cuja capa parodia o cartaz do filme de Mankiewicz. Ela também se tornou um tema publicitário, marca de sabonete, de cola e de cigarros egípcios.

Conclusão

As páginas precedentes mostram que, para conhecer a verdadeira Cleópatra, o historiador carece de documentos e testemunhos a confrontar.

No entanto, a partir das fontes literárias, epigráficas, papirológicas, numismáticas, iconográficas e arqueológicas, podemos acompanhar as principais etapas do reinado da ambiciosa soberana, entrever essa existência que ela proclamava "inimitável", compreender o conteúdo da ideologia mitologizante na qual queria fundar seu poder, mas também, simplesmente, conhecer um pouco do Egito, de Alexandria a Tebas, sobre o qual reinou durante dezoito anos.

O que podia fazer, aos vinte anos, a jovem rainha de um reino sob tutela, decadente e desprezado, senão buscar o favor do seu protetor? A tentativa de vincular seu destino e o do Egito aos senhores sucessivos de Roma está na base da política de Cleópatra, quer se trate de Cneu Pompeu, de Júlio César, de Antônio ou ainda de Otávio. Inteligente e calculista, pelo que podemos saber através de nossas fontes, Cleópatra usou todo o seu talento para evitar a desagregação do último reino helenístico, herdeiro do império de Alexandre. Empregou todos os seus meios para restaurar o grande reino dos seus antepassados, os ptolomeus.

Mas os luxos da corte e os sucessos aparentes, obtidos com as doações de territórios concedidos por Antônio, não devem nos enganar sobre a verdadeira natureza do reino de Cleópatra. Durante todo o seu reinado, o Egito continuou sendo um reino em decadência sob protetorado romano.

Por trás da fachada suntuosa e dos títulos retumbantes de "rainha dos reis" e "rei dos reis", dados à rainha e a Cesário por ocasião da cerimônia do Ginásio, não há nada de muito sólido. Nenhuma verdadeira reforma do exército lagida sustenta as pretensões da rainha, que se apóia inteiramente nas legiões romanas. Por outro lado, é grande a miséria nos campos. Assim, Cleópatra foi uma notável organizadora de espetáculos grandiosos, ou seja, uma atriz, mas não uma conquistadora nem uma reformadora.

Seu suicídio se inscreve nessa lógica teatral: recusando-se a figurar no desfile triunfal de Otávio, ela encena sua própria morte, uma morte adaptada a seu papel de rainha "inimitável".

Devemos crer que ela soube impressionar os espíritos de maneira duradora, como testemunham suas numerosas aparições na literatura, na pintura, na música e no cinema. Cleópatra tornou-se um mito no qual se misturam os temas da mulher superior, do Oriente distante, do amor e da morte indissoluvelmente ligados.

Glossário

Amimetobie, "vida inimitável" de Cleópatra e Antônio em Alexandria.
Basileus (feminino: Basilissa), "rei", título adotado por Alexandre Magno e por seus sucessores.
Canéfora, "portadora de cesto", sacerdotisa responsável pelo culto de Arsínoe II divinizada.
Cartucho, enquadramento oval no qual são inscritos os nomes do faraó.
Chiton, túnica.
Clâmide, manto tradicional dos macedônios.
Cleruco, soldado-colono a quem uma terra era dada. Sinônimo em grego: *katoikos*.
Coifa isíaca, pesada cobertura de cabeça da deusa Ísis, geralmente composta de espigas de trigo, cornos, um disco solar e plumas divinas.
Corno da abundância (simples, *kéras*, ou duplo, *dikéras*), símbolo de fertilidade associado à rainha lagida na iconografia oficial.
Diadema, faixa usada na cabeça pelo atleta vencedor; depois, a principal insígnia da realeza helenística.
Ditador, antigo cônsul a quem o Senado romano confiava excepcionalmente plenos poderes. Na origem, a ditadura não devia ultrapassar seis meses.
Diocete, administrador do reino.
Epiclese, epíteto acrescentado ao nome do soberano.
Epistate, chefe de uma subdivisão do *nomo* (ver abaixo).
Epistológrafo, secretário da correspondência real.
Epistratego da *khôra*, espécie de ministro do Interior que residia em Alexandria. O **epistratego de Tebaida** era responsável pelo Alto-Egito.
Estrategro, principal funcionário do *nomo* na época ptolemaica.

Eunuco, castrado que servia de conselheiro ao rei ou à rainha, segundo um antigo costume oriental.
Gabiniano, soldado romano do procônsul Gabínio, que ficou no Egito depois do ano 55 a.C.
Ginásio, um dos grandes monumentos de Alexandria, centro da cultura grega.
Hieros gamos, "casamento sagrado" entre duas divindades.
Imperator, general supremo dos romanos.
Kaisareion, santuário alexandrino consagrado a César por Cleópatra.
Katoikoi, sinônimo de cleruco (ver acima); termo empregado a partir do século II a.C.
Kausia, chapéu tradicional dos macedônios.
Krepidés, botas com laços dos soldados macedônios.
Magister equitum, "mestre de cavalaria", chefe do estado-maior do ditador.
Mammisi, templo egípcio onde se celebrava o nascimento divino do filho de um rei.
Neápolis, bairro grego no centro de Alexandria.
Nomo, divisão administrativa ou departamento do Egito.
Pileos (plural, *pilei*), touca cônica usada pelos Dióscuros.
Populares, membros do partido popular em Roma.
Procônsul, antigo cônsul que recebia o governo de uma província do Império romano.
Pschent, dupla coroa faraônica.
Sátrapa, governador de uma província do império persa e, depois, do império de Alexandre.
Sema, túmulo de Alexandre em Alexandria.
Serapeum, em Mênfis, túmulo dos touros Ápis; em Alexandria, grande templo consagrado a Serápis.
Synnaoi, diz-se de duas divindades que partilham o mesmo santuário.
Tiara, ornato de cabeça oriental, persa e armênio.
Timonion, retiro de Antônio no porto de Alexandria.
Triúnviro, nome dado, em 43, a cada um dos três signatários (Antônio, Otávio e Lépido) do "pacto pela reorganização da República", chamado "segundo triunvirato".
Tropheus, preceptor do jovem rei.
Tryphé, vida de luxo característica dos soberanos.
Uraeus (plural *uraei*), serpente que protege o faraó.

CRONOLOGIA

69: Nascimento de Cleópatra.
58: Insurreição dos alexandrinos, que expulsam Ptolomeu XII, dito *Aulete.*
58-55: Reinado de Cleópatra VI Trifena (até 57) e de Berenice IV.
55-51: Segundo reinado de Aulete.
51-47: Reinado de Cleópatra e de Ptolomeu XIII.
48: Morte de Pompeu. Chegada de Júlio César ao Egito.
48-47: "Guerra de Alexandria".
47-44: Reinado de Cleópatra e Ptolomeu XIV.
23 de junho de 47: Nascimento de Cesário.
46-44: Cleópatra em Roma.
Idos de março (15 de março) **de 44**: Assassinato de César.
44-30: Reinado de Cleópatra e de Ptolomeu XV Cesário.
43: Antônio, Otávio e Lépido fazem o "pacto pela reorganização da República", dito "segundo triunvirato".
42: Bruto e Cássio são vencidos em Filipos.
41: Reencontro de Antônio e Cleópatra em Tarso.
Inverno de 41-40: Cleópatra e Antônio em Alexandria; associação dos *Amimetobies.*
40: Nascimento dos gêmeos Alexandre-Hélio e Cleópatra-Selene.
37: Antônio recebe Cleópatra em Antioquia, na Síria.
36: Nascimento de Ptolomeu Filadelfo; expedição de Antônio contra os partos e derrota das tropas romanas.
34: Campanha vitoriosa contra a Armênia; desfile triunfal e cerimônia do Ginásio, em Alexandria; Cleópatra é proclamada "rainha dos reis"; e Cesário, "rei dos reis".
32: Preparativos de guerra de Antônio e Cleópatra, em Samos.
2 de setembro de 31: Batalha do Áccio.
Inverno de 31-30: Associação dos *Synapothanoumènes.*
30: Suicídios de Antônio e Cleópatra. Otávio manda matar Cesário. O Egito torna-se província romana.

BIBLIOGRAFIA

A maior parte das obras antigas se encontra, em edição bilíngüe, na "Collection des Universités de France" (G. Budé). A edição de Díon Cássio, organizada por M.L. Freyburger e J.-M. Rodaz, é de uma grande utilidade.

BALDUS, H.R. Eine Münzprägung auf das Ehepaar Mark Anton-Kleopatra VII, *Schweizer Münzblätter* 33, 1983.
BECHER, I. *Das Bild der Kleopatra in der Griechischen und lateinischen Literatur*. Berlim: 1966.
BERNAND, A. *Alexandrie la Grande*. Paris: 1966, reed. 1996.
BERNAND, A. *Une journée de Cléopâtre à Alexandrie*. Paris: 1992.
BERNAND, A. *Alexandrie des Ptolomées*. Paris: 1995.
BEVAN, E. *A History of Egypt under the Ptolemaic Dynasty*. Londres, 1927. Trad. fr., *Histoire des Lagides*. Paris: 1934.
B.M.C, abreviação de *British Museum Catalogue of Greek Coins*, diversos autores, 29 vol. Londres: 1973-1927.
BOUCHÉ-LECLERQ, A. *Histoire des Lagides*. Paris: 1903-1906.
BOWMAN, A.K. *Egypt after the Pharaohs*. Londres: 1986.
BRASHEAR, W.M. *Ptolemäische Urkunde aus Mumienkartonnage*. Berlim: 1980.
BUCHHEIM, H. *Die Orientalpolitik des Triumvirs Marcus Antonius*. Heidelberg: 1960.
CARCOPINO, J. *César et Cléopâtre, Annales des Hautes Études de Gand*, I, 1937.
CARCOPINO, J. *Passion et politique chez les Césars*. Paris: 1958.
CERFAUX L.; Tondriau, J. *Le culte des souverains dans la civilisation gréco-romaine*. Tournai: 1957.
CHAMOUX, F. *Marc Antoine, dernier prince de l'Orient grec*. Paris: 1986.
CHAVEAU, M. *L'Egypt au temps de Cléopâtre*. Paris: 1997.
Cleopatra's Egypt, Age of the Ptolemies, catálogo de exposição. The Brooklyn Museum. Nova York: 1988; em particular,

J. Quaegebeur, "Cleopatra VII and the cults of the Ptolemaic Queens", p. 41-54.

DELLA CORTE, M. *Cleopatra, Antonio ed Ottaviano*. Pompéia: 1951.

DITTENBERGER, W. *OGI*, abreviação de *Orientis Graeci Inscriptiones selectae*. Leipzig: 1903-1905.

Égypte romaine, catálogo de exposição. Marselha: 1997; em particular, M. Roddaz, "La Bataille d'Actium", p. 20-21.

Égyptomania, catálogo de exposição. Paris: 1994, p. 552-581, "Cléopâtre ou les séductions de l'Orient".

FLAMMARION, E. *Cléopâtre*. Paris: 1990.

FORRER, L. *Portraits of Royal Ladies on Greek Coins*. Chicago: 1968.

FRASER, P.-H. *Ptolemaic Alexandria*, 3 vol. Oxford: 1972.

GRANT, M. *Cleópatra*. Londres: 1972.

HEINEN, H. Caesar und Caesarion, *Historia* 18. Wiesbaden: 1969.

HÖLBL, G. *Geschichte des Ptolemäerreiches*. Darmstadt: 1994.

HUSS, W. *Der makedonische König und die ägyptischen Priester*. Stuttgart: 1994.

JOUGUET, P. *Histoire de la Nation égyptienne*, sob a direção de G. Hanotaux, t. II. Paris: 1936.

HUGHES-HALLET, L. *Cleopatra, Histories, Dreams and Distortions*. Londres: 1990.

LANÇON, B.; Schwentzel C.-G. *L'Égypte hellénistique et romaine*. Paris: 1998.

MACURDY, G.H. *Hellenistic Queens*. Londres: 1932.

MARTIN, P.-M. *Antoine et Cléopâtre, la fin d'un rêve*. Paris: 1991.

MEIKLEJOHN, K.W. Alexander Helios and Caesarion, *Journal of Roman Studies* 24. Londres: 1934.

MORENO, P. Cleopatra dell'Esquilino, *Archeo* 116. 1994.

NOCK, A.D. Neotera, Queen or Goddess?, *Aegyptus* 33, 1953, p. 283-296.

POMEROY, S.B. *Women in Hellenistic Egypt from Alexander to Cleopatra*. Nova York: 1984.

QUAEGEBEUR, J. Reines ptolémaïques et tradition égyptiennes, Actes du Congrès *Das Ptolemäische Aegypten*. Berlim: 1978.

QUAEGEBEUR, J. Cléopâtre VII et le temple de Dendara, *Göttinger Miszellen* 120, 1991, p. 49-72.

RICKETTS, L. *The Administration of Ptolemaic Egypt under Cleopatra VII*. Minnesota: 1980.

RICKETTS, L. The Administration of Late Ptolemaic Egypt, *Life in a Multi-Cultural Society.* Chicago: 1992, p. 275-281.

SCHRAPEL, T. *Das Reich der Kleopatra.* Trier: 1996.

VIERNIESEL, K. Der berliner Kleopatra, *Jahrbuch der Berliner Museen* 22. Berlim: 1980.

VOLKMANN, H. *Kleopatra, Politik und Propaganda.* Munique: 1953.

WERTHEIMER, O. de. *Cléopâtre.* Paris: 1935.

WILL, E. *Histoire politique du monde hellénistique*, t. II. Nancy: 1979-1982.

WINTER, E. *Untersuchungen zu ägyptischen Tempelreliefs der Grieschisch-Römischen Zeit.* Viena: 1968.

Coleção **L&PM** POCKET (LANÇAMENTOS MAIS RECENTES)

663. **Garfield, um gato em apuros (9)** – Jim Davis
664. **Dilbert 1** – Scott Adams
665. **Dicionário de dificuldades** – Domingos Paschoal Cegalla
666. **A imaginação** – Jean-Paul Sartre
667. **O ladrão e os cães** – Naguib Mahfuz
668. **Gramática do português contemporâneo** – Celso Cunha
669. **A volta do parafuso** seguido de **Daisy Miller** – Henry James
670. **Notas do subsolo** – Dostoiévski
671. **Abobrinhas da Brasilônia** – Glauco
672. **Geraldão (3)** – Glauco
673. **Piadas para sempre (3)** – Visconde da Casa Verde
674. **Duas viagens ao Brasil** – Hans Staden
675. **Bandeira de bolso** – Manuel Bandeira
676. **A arte da guerra** – Maquiavel
677. **Além do bem e do mal** – Nietzsche
678. **O coronel Chabert** seguido de **A mulher abandonada** – Balzac
679. **O sorriso de marfim** – Ross Macdonald
680. **100 receitas de pescados** – Sílvio Lancellotti
681. **O juiz e o seu carrasco** – Friedrich Dürrenmatt
682. **Noites brancas** – Dostoiévski
683. **Quadras ao gosto popular** – Fernando Pessoa
684. **Romanceiro da Inconfidência** – Cecília Meireles
685. **Kaos** – Millôr Fernandes
686. **A pele de onagro** – Balzac
687. **As ligações perigosas** – Choderlos de Laclos
688. **Dicionário de matemática** – Luiz Fernandes Cardoso
689. **Os Lusíadas** – Luís Vaz de Camões
690.(11).**Átila** – Éric Deschodt
691. **Um jeito tranqüilo de matar** – Chester Himes
692. **A felicidade conjugal** seguido de **O diabo** – Tolstói
693. **Viagem de um naturalista ao redor do mundo** – vol. 1 – Charles Darwin
694. **Viagem de um naturalista ao redor do mundo** – vol. 2 – Charles Darwin
695. **Memórias da casa dos mortos** – Dostoiévski
696. **A Celestina** – Fernando de Rojas
697. **Snoopy (6)** – Charles Schulz
698. **Dez (quase) amores** – Claudia Tajes
699. **Poirot sempre espera** – Agatha Christie
700. **Cecília de bolso** – Cecília Meireles
701. **Apologia de Sócrates** precedido de **Êutifron e** seguido de **Críton** – Platão
702. **Wood & Stock** – Angeli
703. **Striptiras (3)** – Laerte
704. **Discurso sobre a origem e os fundamentos da desigualdade entre os homens** – Rousseau
705. **Os duelistas** – Joseph Conrad
706. **Dilbert (2)** – Scott Adams
707. **Viver e escrever (vol.1)** – Edla van Steen
708. **Viver e escrever (vol.2)** – Edla van Steen
709. **Viver e escrever (vol.3)** – Edla van Steen
710. **A teia da aranha** – Agatha Christie
711. **O banquete** – Platão
712. **Os belos e malditos** – F. Scott Fitzgerald
713. **Libelo contra a arte moderna** – Salvador Dalí
714. **Akropolis** – Valerio Massimo Manfredi
715. **Devoradores de mortos** – Michael Crichton
716. **Sob o sol da Toscana** – Frances Mayes
717. **Batom na cueca** – Nani
718. **Vida dura** – Claudia Tajes
719. **Carne trêmula** – Ruth Rendell
720. **Cris, a fera** – David Coimbra
721. **O anticristo** – Nietzsche
722. **Como um romance** – Daniel Pennac
723. **Emboscada no Forte Bragg** – Tom Wolfe
724. **Assédio sexual** – Michael Crichton
725. **O espírito do Zen** – Alan W. Watts
726. **Um bonde chamado desejo** – Tennessee Williams
727. **Como gostais** – Shakespeare
728. **Tratado sobre a tolerância** – Voltaire
729. **Snoopy: Doces ou travessuras? (7)** – Charles Schulz
730. **Cardápios do Anonymus Gourmet** – J.A. Pinheiro Machado
731. **100 receitas com lata** – J.A. Pinheiro Machado
732. **Conhece o Mário?** vol.2 – Santiago
733. **Dilbert (3)** – Scott Adams
734. **História de um louco amor** seguido de **Passado amor** – Horacio Quiroga
735.(11).**Sexo: muito prazer** – Laura Meyer da Silva
736.(12).**Para entender o adolescente** – Dr. Ronald Pagnoncelli
737.(13).**Desembarcando a tristeza** – Dr. Fernando Lucchese
738.(11).**Poirot e o mistério da arca espanhola & outras histórias** – Agatha Christie
739. **A última legião** – Valerio Massimo Manfredi
740. **As virgens suicidas** – Jeffrey Eugenides
741. **Sol nascente** – Michael Crichton
742. **Duzentos ladrões** – Dalton Trevisan
743. **Os devaneios do caminhante solitário** – Rousseau
744. **Garfield, o rei da preguiça (10)** – Jim Davis
745. **Os magnatas** – Charles R. Morris
746. **Pulp** – Charles Bukowski
747. **Enquanto agonizo** – William Faulkner
748. **Aline: viciada em sexo (3)** – Adão Iturrusgarai
749. **A dama do cachorrinho** – Anton Tchékhov
750. **Tito Andrônico** – Shakespeare
751. **Antologia poética** – Anna Akhmátova
752. **O melhor de Hagar 6** – Dik e Chris Browne
753.(12).**Michelangelo** – Nadine Sautel
754. **Dilbert (4)** – Scott Adams
755. **O jardim das cerejeiras** seguido de **Tio Vânia** – Tchékhov
756. **Geração Beat** – Claudio Willer
757. **Santos Dumont** – Alcy Cheuiche
758. **Budismo** – Claude B. Levenson
759. **Cleópatra** – Christian-Georges Schwentzel
760. **Revolução Francesa** – Frédéric Bluche, Stéphane Rials e Jean Tulard
761. **A crise de 1929** – Bernard Gazier
762. **Sigmund Freud** – Edson Sousa e Paulo Endo
763. **Império Romano** – Patrick Le Roux
764. **Cruzadas** – Cécile Morrisson
765. **O mistério do trem azul** – Agatha Christie
766. **Os escrúpulos de Maigret** – Simenon
767. **Maigret se diverte** – Simenon
768. **O senso comum** – Thomas Paine
769. **O parque dos dinossauros** – Michael Crichton
770. **Trilogia da paixão** – Goethe